CULTURA
EMPRESARIAL

JOSÉ PAULO PEREIRA SILVA, PhD
Mais de **3 milhões** de seguidores no Instagram

CULTURA
EMPRESARIAL

O segredo que faz a diferença
entre o **comum** e o **extraordinário**
no **mundo dos negócios.**

© 2022 por José Paulo Pereira Silva
Todos os direitos reservados à Ideal Books.
É proibida a reprodução total ou parcial desta obra sem autorização expressa da Ideal Books.

Ficha catalográfica elaborada por Marta de Souza Pião – CRB 8/6466

S586c Silva, José Paulo Pereira, 1973-
Cultura empresarial : o segredo que faz a diferença entre o comum e o extraordinário no mundo dos negócios / José Paulo Pereira Silva. – São Paulo : Ideal Business, 2022.
232 p. : il. ; 21 cm.

Inclui bibliografia.
ISBN 978-65-84733-21-3
ISBN e-Book 978-65-84733-17-6

1. Cultura organizacional. 2. Eficiência organizacional. 3. Desempenho. 4. Comportamento organizacional. 7. Grupo Ideal Trends. I. Título.

CDD: 658.4
CDU: 65.011.1

Ideal Business é o Selo Editorial da Ideal Books

Vice-Presidente Ideal Books
Ewerton Quirino

Direção Geral Ideal Books
Claudionor Martin

Coordenação Editorial
Raquel Andrade Lorenz

Redação
Fernando Schena

Revisão Ortográfica
Editora Coletânea

Projeto Gráfico e Diagramação
Editora Coletânea

A minha família, aos amigos e colegas da jornada profissional, que sempre sonham juntos e trabalham incansavelmente em busca da excelência e do crescimento mútuo.

SUMÁRIO

Prefácio 13

O autor 17

Introdução 19

Bônus 21

**Conceitos e princípios
da cultura empresarial** 22

   1.1 O que é? 25

   1.2 Como identificar 35

   1.3 O funcionamento 40

   1.4 Benefícios 43

   Experiência Ideal Trends 48

Tipos de cultura empresarial 52

   2.1 Cultura do clã 57

   2.2 Cultura da adhocracia ou inovativa 61

   2.3 Cultura de mercado 65

   2.4 Cultura hierárquica 69

   2.5 Exercício 76

   Experiência Ideal Trends 77

Implementação 90

   3.1 Crie seu plano 94

   3.2 Considere o feedback 107

   3.3 Monitore o progresso 117

   Experiência Ideal Trends 122

O que faz diferença na empresa? **128**

    4.1 A cultura da empresa faz crescer 131

    4.2 Viva a cultura da sua empresa 158

    4.3 Valorize seus talentos 159

    Experiência Ideal Trends 164

Equipe remota, e agora? **174**

    5.1 Mantenha contato com o seu time 180

    5.2 Reforce os valores 187

    5.3 Descontração faz parte 190

    Experiência Ideal Trends 193

Empresas que vão construir o futuro **196**

    6.1 Tecnologia e know-how...................... 202

    6.2 Colaboradores que pensam como dono 211

    6.3 Cultura de valorização 217

    Experiência Ideal Trends 222

Referências **225**

Quem somos **227**

Leia também **228**

PREFÁCIO

Quero começar agradecendo ao José Paulo pela honra em prefaciar esta mentoria em formato de livro. Só quem conhece e convive com ele sabe o que é cultura empresarial e o quanto ela transforma qualquer negócio.

Quando recebi este convite tão especial, já me veio à memória dois trechos que fazem parte dos princípios de gestão do Grupo Ideal Trends, que dizem o seguinte:

"Nossa cultura existe e prevalece em todo lugar em que operamos, em qualquer parte do mundo."

"Mercados mudam, mas a cultura permanece no que diz respeito a quem somos como grupo e ao que representamos."

José Paulo é um empreendedor serial. Tenho presenciado o crescimento exponencial do Grupo Ideal Trends, um dos maiores grupos de tecnologia da América Latina, com mais de trinta empresas em diferentes ramos de negócios, com participação também no mercado dos Estados Unidos.

E posso garantir que o grande segredo é a cultura empresarial que o próprio José Paulo plantou, cultivou e cultiva até hoje.

Nos capítulos a seguir, José Paulo faz com que mergulhemos em uma profunda imersão sobre como implantar uma cultura empresarial, trazendo exemplos práticos e resultados. Você terá a oportunidade de entender na prática toda a cultura do Grupo Ideal Trends, linha a linha.

Ressalto aqui um trecho em especial que me chamou a atenção:

"O segredo para isso é desenvolver ambientes mais lúdicos e solidários, mas sem descuidar das metas estabelecidas, as quais, quando alcançadas, devem sempre ser celebradas e, de preferência, gerar algum tipo de premiação aos colaboradores, que pode ser financeira ou simbólica.

Se você está procurando uma empresa que é divertida para trabalhar, a cultura da empresa será o principal componente de análise para a sua tomada de decisão ao avaliar potenciais empregadores."

CULTURA EMPRESARIAL

Muitos empresários perguntam como o Grupo Ideal Trends cresce exponencialmente em mercados diversos e com resultados sólidos ano após ano, e chegou o momento de entender na prática como tudo isso foi e é possível. Minha dica é que você, leitor, reserve o lugar que você mais gosta para aproveitar esta leitura, que também pode transformar seus negócios.

Tenho a oportunidade de trabalhar com o José Paulo há mais de uma década. Atualmente sou o vice-presidente de operações e, durante esse período, vivenciei o nascimento de muitas empresas em mercados diferentes, a contratação, promoção e crescimento de pessoas na medida do seu talento, a meritocracia pura e a realização de sonhos. Aliás, já presenciei o José Paulo formar centenas de líderes – líderes de resultado –, e a maior ferramenta dele sempre foi ser exemplo, aplicando a cultura em tudo o que faz.

Iniciei agradecendo e quero concluir novamente agradecendo ao José Paulo pela honra em prefaciar esta mentoria. Que todos(as) os(as) leitores(as) possam plantar uma verdadeira cultura empresarial em seus negócios.

Junior Cezar Franco
Vice-presidente de Operação
Grupo Ideal Trends

O AUTOR

José Paulo Pereira Silva é graduado em Engenharia de Produção, Mestre e Doutor em Administração de empresas e Pós-Doutor em Relações Internacionais pela Florida Christian University (FCU/USA). É presidente e fundador do Grupo Ideal Trends, atualmente com mais de 30 empresas, clientes em 30 países e projetos de crescimento exponencial. Formou centenas de empreendedores e tornou colaboradores seus sócios. "Dividir é multiplicar!".

José Paulo também é pastor na Igreja-Escola Ideal Way, onde busca evangelizar e mobilizar pessoas com métodos e ferramentas de ensino e aplicabilidade bíblica, além do equilíbrio das sete áreas da vida.

José Paulo Pereira é casado, pai de quatro filhos. Desde sua juventude sempre foi ávido por resultados e muito trabalho.

Com uma visão aguçada para novos negócios, José Paulo não se limita apenas ao próprio crescimento, mas dedica-se também à formação e à mentoria de milhares de pessoas, dando a oportunidade para seus colaboradores de tornarem-se sócios de suas empresas de forma meritocrática e seguindo seu modelo de liderar pelo exemplo, com a aplicação da cultura para todos no Grupo.

Durante esse período, por meio de seus direcionamentos, transformou pessoas simples e dedicadas em empresários de grandes resultados, entre eles, jovens que já possuem sua liberdade financeira.

Tendo como base a integridade, resultados, constância e fé, e por acreditar que dividir é multiplicar, José Paulo tem prazer em passar todo seu conhecimento para o desenvolvimento de pessoas em diversas áreas do mercado.

INTRODUÇÃO

O GRANDE DESAFIO

Não mais o dinheiro, nem a marca, tampouco os produtos ou serviços. Hoje, as empresas **vencem por sua cultura**. Este é o novo campo de batalha nos negócios. O ambiente empresarial continua sendo um local de convivência entre pessoas das mais diversas crenças, comportamentos e ideologias, e a cultura é justamente a forma de integração de perfis. Por isso, deve-se acolher a todos, ao mesmo tempo em que se cria uma sintonia para que os objetivos corporativos sejam alcançados. Este é o grande desafio.

Vamos tomar como exemplo a gigante Apple, que ultrapassou as tradicionais Sony e Nokia, ao transpor barreiras políticas e burocráticas que já não eram suficientes para mantê-la no topo. Ao expandir e assumir indústrias de mídia, música e publicações, a Apple tornou-se uma das maiores provedoras de conteúdo do mundo. E como isso aconteceu? A partir do momento em que repensou sua cultura e passou a considerar as novas tecnologias como aliadas. Assim, alçou novos voos e se libertou do que não fazia mais sentido (ENDEAVOR, 2016).

O Grupo Ideal Trends já nasceu com uma cultura sólida, que o diferencia da concorrência. Sempre vi a empresa como uma extensão da família. Os princípios que adquiri em casa foram e são indispensáveis para definir também os valores, a missão e a visão deste grupo, do qual sou CEO. Nada foi construído do dia para a noite, mas durante toda a minha jornada pessoal e profissional. Assim, pude consolidar uma cultura que está presente em mais de 30 marcas.

Acredito que é interessante observar as práticas de outras pessoas e tê-las como modelo para diminuir riscos. Neste livro, trago toda a minha experiência para que você compreenda o que a cultura empresarial representa e saiba como transformar a sua empresa, de forma a ter reconhecimento e alto desempenho. Já adianto que é preciso inovar em todas as áreas, pois a cultura organizacional afeta todos os aspectos de um negócio. Ela é o DNA da empresa!

Por meio de dicas e exemplos, você vai conhecer os segredos de quem deixou de ser um vendedor de sacolas plásticas para se tornar CEO de um dos maiores grupos de tecnologia da América Latina. Quero que outras pessoas também cresçam e conquistem grandes resultados. Portanto, disponibilizo dicas sobre como liderar equipes e manter a motivação dos colaboradores e o vínculo entre eles, mesmo com o trabalho remoto, que já faz parte do cotidiano de muita gente. Você vai entender como funcionam os 10 princípios de gestão do grupo Ideal Trends, que se mantêm sustentáveis: sonhar grande; promover meritocracia; formar líderes; ser exemplo; gerar resultados; agir como dono; ter simplicidade e franqueza; manter a empresa enxuta; trabalhar duro; e ser íntegro. Aprenda com quem tem mais tempo de caminhada. Tenho certeza de que as chances de acerto serão ainda maiores.

BÔNUS

Escaneie o QR Code a seguir e tenha acesso ao conteúdo Bônus Exclusivo deste livro.

1 CONCEITOS E PRINCÍPIOS
DA CULTURA EMPRESARIAL

Você já assistiu a vídeos e documentários sobre o comportamento dos animais em seus habitats naturais? Cada espécie possui um tipo de vida social, sendo que alguns vivem em grupos (como leões, lobos, hienas e elefantes) e outros, isolados (como onças, ursos e lobos-guarás).

No caso das onças, por exemplo, os raros momentos que as vemos em grupo são na época da reprodução e enquanto os filhotes são dependentes do alimento e da proteção das mães. Nos demais períodos, elas vagam sozinhas buscando comida e abrigo.

Nós, seres humanos, em nossa trajetória evolutiva durante a Pré-História, fomos originalmente animais com organização social comunitária, ou seja, vivíamos em grupos formados por desde algumas dezenas até alguns milhares de indivíduos.

As pesquisas arqueológicas e antropológicas indicam que a vida comunitária foi fundamental para a sobrevivência e a evolução biológica do ser humano, posto que, comparados a outros animais, somos relativamente frágeis se estivermos sós na natureza.

CULTURA EMPRESARIAL

A organização social humana

Vamos supor que você está sozinho em uma savana africana e se depara com um leão faminto: o que você faz? Corre, sobe em uma árvore, se joga em um rio, pede para o leão ser piedoso? Nenhuma dessas alternativas parece possibilitar sair vivo desse encontro! Mas, se estivermos em um grupo de uns dez indivíduos munidos de lanças e pedras, podemos espantar o leão e, quem sabe, até transformar o que seria um predador em uma presa.

No decorrer do nosso processo evolutivo e, principalmente durante o último século, as sociedades humanas passaram por mudanças sociais e culturais bastante profundas, e nossa essência comunitária começou a ser substituída gradativamente por um estilo de vida mais individualista.

As famílias passaram a ser menos numerosas e hoje milhões de pessoas pelo mundo vivem sós em suas residências. E, mesmo em famílias mais numerosas vivendo sob o mesmo teto, é comum que cada integrante esteja com um fone de ouvido escutando a sua própria música. Em outras palavras, compartilhamos cada vez menos vivências que eram coletivas no passado, como ouvir música, assistir televisão, almoçar, jantar etc.

Concluímos que a essência evolutiva comunitária do ser humano foi bastante impactada pelas mudanças culturais, tecnológicas e econômicas. Podemos viver em megacidades com milhões de habitantes e, ainda assim, nos sentirmos solitários.

Mas, o que essa história toda tem a ver com o tema desse livro, que é a cultura empresarial? As empresas ainda são e continuarão a ser locais de convivência entre pessoas das mais variadas características culturais e comportamentais, porém, todas elas devem estar em sintonia para que os objetivos corporativos sejam alcançados.

Como descrevemos nesse breve relato da evolução das sociabilidades humanas, conviver em grupo numa sociedade cada vez mais individualista se torna um grande desafio para as organizações e seus gestores.

Por outro lado, as empresas devem estar atentas à forma como direcionam e cultivam a cultura organizacional, para que ela possa representar o mais fielmente possível seus valores, missão e visão.

Neste cenário um tanto quanto contraditório, todos os envolvidos – sejam líderes ou liderados – precisam refletir e adquirir ferramentas e comportamentos capazes de tornar a convivência mútua sadia e frutífera nos espaços de trabalho, tanto para contribuir com a perenidade dos negócios das empresas, quanto para a manutenção e a melhoria da qualidade de vida dos colaboradores.

1.1 O QUE É?

A cultura organizacional é a representação da imagem compartilhada por uma organização, e pode ser observada a partir das atitudes e comportamentos de seus colaboradores.

Quando você é cliente de uma empresa, ao entrar nela e observar a organização e o design do espaço físico, conversar com os colaboradores e analisar a maneira como interagem entre si, rapidamente é possível produzir uma percepção sobre essa instituição, que pode ser negativa ou positiva, a depender da qualidade desses atributos descritos.

Na verdade, muitos outros fatores e detalhes invisíveis em uma rápida olhada compõem a cultura empresarial, tais como o acervo de valores, crenças, ética e atitudes que caracterizam uma organização.

Assim como a direção mostrada por uma bússola, todas essas características auxiliam a direcionar as práticas de trabalho e a forma como as pessoas se relacionam, tanto interna quanto externamente à empresa.

CULTURA EMPRESARIAL

A cultura empresarial precisa ser direcionada, evitando que saia da rota.

Em certa medida, a cultura de uma organização pode estar descrita e relacionada em sua declaração de missão, visão e valores.

Missão – a pergunta a ser feita é: qual é o propósito da empresa? Ex.: melhorar a qualidade de vida dos consumidores por meio da disponibilização de alimentos saudáveis e ricos em nutrientes.

Visão – a pergunta a ser feita é: qual nível a empresa quer alcançar e em quanto tempo? Ex.: tornar-se uma referência nacional em alimentação de qualidade, alcançando as redes varejistas de todas as cidades grandes e médias de todas as unidades da federação brasileiras em até quatro anos.

Valores: a reflexão a ser feita é: quais as atitudes e os ideais que norteiam e balizam as ações desenvolvidas pela empresa junto aos seus colaboradores, parceiros e consumidores? Ex.: qualidade, respeito ao meio ambiente, apoio à agricultura familiar e inovação.

CONCEITOS E PRINCÍPIOS DA CULTURA EMPRESARIAL

> **Exercício**: esses três conceitos não são apenas relacionados à atuação empresarial, pois eles podem ser aplicados à sua vida laboral. Quando delimitamos essas três premissas, podemos iniciar um planejamento para alcançar nossas metas individuais em nossa trajetória profissional. Reflita e escreva:
>
> **Missão**:
> _____
> _____
>
> **Visão**:
> _____
> _____
>
> **Valores**:
> _____
> _____

A cultura corporativa inclui vários elementos, tais como a marca, o ambiente físico da organização, as práticas de gestão de talentos e os hábitos e métodos de trabalho das equipes.

Da mesma forma, a cultura interna também reflete na forma e na ênfase adotada em elementos definidores na empresa, como a organização hierárquica, os processos administrativos, a política de inovação, a forma de colaboração, as técnicas de concorrência, o envolvimento da comunidade e o engajamento social.

Quando falamos em cultura empresarial, é preciso estarmos atentos a uma noção mais geral de cultura e a sua influência em nossas vidas. Por exemplo, o Brasil é um país formado por uma cultura latina e por aspectos identitários históricos bastante próprios da cultura indígena, de povos africanos e europeus, os quais foram mesclados, criando uma característica cultural rica e complexa.

Por ser uma país com graves problemas sociais, podemos perceber a existência de uma cultura popular altamente difundida pelas rádios, canais de televisão e internet e uma cultura "erudita", essa mais restrita, acessada em teatros, museus, cinemas etc.

Quando pensamos em uma empresa com dezenas, centenas ou milhares de funcionários, precisamos acolher e respeitar essas diferentes identidades culturais, mas sem descuidar da cultura corporativa interna, a qual precisa representar com a maior fidelidade possível os pressupostos da organização. Dessa forma, a empresa poderá ser rapidamente reconhecida pelo seu público-alvo e pela sociedade como um todo.

Para que esse objetivo seja alcançado, é fundamental que a cultura corporativa procure refletir a cultura mais ampla (do país, do estado e do município) e procure cuidar para não se opor a ela, sob risco de o ambiente de trabalho se tornar altamente insatisfatório para os colaboradores, diminuindo a eficiência produtiva. Por exemplo, na cultura global atual, que valoriza aspectos como a transparência, a igualdade e a comunicação, uma empresa que não divulga os seus balanços financeiros ou que possui uma estrutura exageradamente hierárquica e sem políticas claras de evolução de carreira, provavelmente terá problemas para recrutar e reter trabalhadores, assim como gerar empatia em seus clientes e parceiros.

Em um outro sentido, algumas organizações criam culturas únicas que rompem com certas normas e práticas recomendadas ou esperadas. Esse movimento guarda um certo risco, mas pode definir as organizações como pioneiras e ajudá-las a ter sucesso no mercado.

Para que isso aconteça, é fundamental que o desenvolvimento dessa "nova cultura empresarial" considere as noções básicas da cultura geral, como a ética, as oportunidades igualitárias e o respeito à saúde, às religiosidades e às orientações sexuais.

Em pleno século XXI, simplesmente não há mais espaço para o desrespeito ao ser humano e suas culturas, pois não existem culturas superiores e nem inferiores: o que existe são traços de cultura que devem ser banidos por não respeitar a Declaração Universal dos Direitos Humanos.

Alguns valores universais presentes no mundo corporativo, aliados ao respeito e ao investimento no ser humano, podem tornar uma empresa única e portadora de altíssimo desempenho. Para isso, é importante que as organizações estejam atentas e nutram os seguintes fatores:

- **alinhamento**

    Imagine que você precisa deslocar um carro para a frente: para isso, você engata a primeira marcha ou manipula o câmbio automático na função "drive". Mas, em alguns casos, por desconhecimento, o motorista pode colocar o câmbio na posição "marcha a ré". Obviamente, o objetivo não vai ser alcançado, pelo contrário, o carro ficará ainda mais distante do destino pretendido.

    Pode parecer um exemplo óbvio, mas os objetivos de muitas empresas e as motivações dos seus colaboradores nem sempre estão sendo puxados para a mesma direção. Organizações excepcionais trabalham para construir junto aos funcionários um alinhamento contínuo à sua visão, propósito, bem como aos seus objetivos.

- **valorização**

    Hoje, é muito comum buscarmos na internet referências e opiniões de outros clientes e usuários a respeito de empresas, produtos e serviços para auxiliar em nossas escolhas de compra.

    Porém, quando acessamos esses conteúdos, a probabilidade de encontrarmos mais opiniões negativas é maior em relação às opiniões positivas, pois a maior parte das pessoas gasta um certo tempo para escrever textos com críticas, mas poucas vezes fazem textos com elogios.

    Em muitas empresas, uma prática parecida com essa ainda perdura em relação aos seus recursos humanos: é muito mais comum recebermos críticas dos nossos líderes do que elogios. Um elogio público, uma nota de agradecimento ou uma promoção compõem exemplos de uma cultura de valorização, que é aquela em que todos os membros da equipe frequentemente fornecem reconhecimento e agradecimentos pelas contribuições dos outros.

    Quando essa cultura é colocada em prática, os colaboradores tendem a se sentir mais valorizados e a valorizar ainda mais as empresas em que trabalham, pois somos nutridos por um arquétipo de reciprocidade muito antigo em nosso inconsciente.

- **confiança**

    Desde os primórdios da evolução da nossa espécie, a confiança é um atributo essencial do comportamento humano: o clã precisava confiar que os caçadores trariam o alimento, que as mães protegeriam e alimentariam as suas crias, que diferentes indivíduos iriam contribuir para a construção das habitações etc.

A confiança pode ser perdida por má-fé, por incompetência ou por desleixo de alguém em qualquer processo humano. Quando nada disso está presente, uma tarefa pode não ser concluída por fatores que fogem ao alcance da parte comprometida, mas isso tende a não abalar a confiança mútua.

Um combinado não cumprido costuma produzir uma vítima, que é aquela pessoa ou instituição que confiou em alguém, mas não teve o retorno da expectativa, sendo prejudicada de alguma forma. A parte que cumpriu a tarefa, mas não recebeu a contrapartida acordada, também passa a ser uma vítima.

Para que a confiança possa ser inabalável entre duas partes, nada como um bom acordo e o comprometimento das partes mobilizadas em concretizar as ações combinadas. A adoção de uma cultura da confiança é vital para uma organização, pois permite aos membros da equipe poderem se expressar e esperar dos outros o comprometimento em executar o que precisa ser feito, ou, no mínimo, a sinceridade necessária para expor uma dificuldade qualquer que possa vir a comprometer o combinado.

O estilo de vida contemporâneo tem produzido uma grave crise na confiança entre as pessoas, o que gera um ambiente de dúvidas e desconfianças que prejudica bastante a convivência, seja nos locais de trabalho ou na vida privada.

- **desempenho**

    O desempenho é fator fundamental para o sucesso e perenidade do negócio das empresas, pois a partir de bons índices de eficácia, é possível se manter e crescer em mercados cada vez mais competitivos.

    Toda empresa, da micro à grande, da local à global, precisa criar uma cultura baseada em resultados. Dessa forma, colaboradores talentosos devem ser estimulados a se destacar, proporcionando um exercício de automotivação com foco em maior produtividade, rentabilidade e, dessa forma, uma vida mais próspera e segura.

A busca pelo desempenho deve ser feita de maneira bastante atenta e cuidadosa pelos gestores, para evitar estimular uma competição nociva entre os colaboradores, que podem passar a boicotar o trabalho do colega para alcançar as suas metas pessoais.

Um trabalho em parceira com o setor de recursos humanos ou de gestão de talentos da empresa pode ser importante para selecionar e manter os colaboradores que compreendem a função do desempenho individual, mas sem descuidar da necessária empatia pelos colegas, pois o trabalho em grupo é sempre fundamental nos ambientes corporativos.

- **resiliência**

Resiliência é a capacidade de certos materiais em sofrer grandes pressões e movimentos bruscos e conseguir retornar a sua posição e formato originais, sem nenhum tipo de dano ou fratura. Nos grandes temporais, muitas árvores são arrancadas com raiz e tudo, e outras perdem alguns galhos. Porém, algumas árvores permanecem resistentes, perdendo apenas algumas folhas, as quais serão brevemente repostas.

Esse conceito pode ser aplicado a nós seres humanos, pois em momentos de pressão e estresse podemos sucumbir ou resistir. Para sobrevivermos nos ambientes corporativos, precisamos resistir às pressões oriundas dos prazos, das métricas de qualidade exigidas, da concorrência dos nossos produtos e serviços, do cansaço, dos fatores de preocupação externa etc. Trata-se de uma qualidade fundamental em ambientes altamente dinâmicos onde a mudança é contínua. Uma cultura resiliente ensinará os líderes a observar e responder às mudanças com facilidade, fornecendo uma possibilidade mais clara de previsão dos passos futuros que devem ser dados para se antecipar às crises ou às oscilações do mercado.

Em algumas situações, teremos que segurar várias barras ao mesmo tempo, sem esmorecer!

- **trabalho em equipe**

  Do mundo dos esportes temos relevantes exemplos da importância do trabalho coletivo. Alguns times de futebol, por exemplo, são repletos de ótimos jogadores, bastante valorizados no mercado de atletas, com seus passes vendidos por valores astronômicos. Seria de se esperar que um time com essas características ganhasse todos os campeonatos que disputasse, principalmente quando os demais times concorrentes são inferiores tecnicamente.

  Mas, não raro, presenciamos inúmeros exemplos de times considerados inferiores conseguindo vitórias sobre times muito superiores do ponto de vista individual. Mas como isso é possível? A resposta está justamente no trabalho em equipe.

  Quando sabemos que nosso adversário é superior tecnicamente, acabamos exercendo a humildade em reconhecer esse fato. A partir disso, um processo criativo é desencadeado, com o objetivo de se criar estratégias para competir, mesmo diante de adversários poderosos.

  E é na equipe que geralmente está a solução, pois, a partir do apoio incondicional ao colega e da construção de estratégias coletivas, nos tornamos fortes e maiores, gerando potenciais inéditos que ajudam a alcançar vitórias aparentemente impossíveis.

  Um bom trabalho em equipe é aquele que abrange a colaboração, a comunicação e o respeito entre os membros da equipe. Quando todos os colaboradores se apoiam, é construído um ótimo clima organizacional e os envolvidos produzem melhor e sentem-se mais felizes ao fazê-lo.

- **integridade**

  A integridade é uma característica altamente ligada à ética, que podemos definir como um conjunto de regras e preceitos de ordem valorativa e moral de um indivíduo, de um grupo social ou de uma sociedade.

  Infelizmente, vivemos uma crise de integridade nos vários setores da nossa sociedade e, não raro, nos deparamos com escândalos de corrupção, fraudes e assédios, tendo como responsáveis pessoas as quais deveriam ser as primeiras a zelar por este princípio.

A ascensão ou a queda de grupos sociais, sejam eles pequenos, como uma família, médios, como as empresas, ou grandes, como as nações, geralmente estão relacionadas ao nível de integridade presente entre as pessoas. As leis existem para punir e corrigir os não íntegros, mas, em alguns casos, o nível de integridade é tão baixo que a decadência dos grupos sociais se torna incontrolável. Por isso, assistimos o descaso com os direitos dos cidadãos presentes em nossa Constituição, seja pelos poderes públicos ou pela própria população.

Nas empresas, assim como a confiança, a integridade é vital para que todas as equipes possam contar umas com as outras para tomar decisões, interpretar resultados e formar parcerias. Honestidade e transparência são componentes essenciais desse aspecto da cultura.

- **inovação**

Até o início da década de 1990, a inovação não era um tema tão importante para as empresas no Brasil. Nossa economia era fechada para produtos estrangeiros e os impostos de importação eram altíssimos. Por isso, nossos produtos estavam muito atrasados em tecnologia em comparação com os de fora, principalmente da Europa, do Japão e dos Estados Unidos.

Com a abertura econômica brasileira no governo Collor, nossas indústrias tiveram que reagir rapidamente para poder competir com os produtos estrangeiros. Muitas delas não tiveram sucesso e acabaram falindo, mas outras conseguiram sobreviver e crescer.

O fenômeno da globalização potencializou a necessidade por inovação e o consumidor passou a ser seduzido cada vez mais pelos produtos e serviços que representavam alguma novidade. Podemos visualizar esse fenômeno sempre que longas filas se formam antes da abertura de lojas de certas marcas no dia do lançamento de um novo produto.

A inovação não é um conceito aplicado somente no que é comercializado, e sim em toda a cadeia de produção e na forma como as empresas se organizam para produzir, fazer propaganda e comercializar seus produtos e serviços.

Em outras palavras, a inovação é uma prática que deve ser trabalhada em todos os setores de uma empresa. Quem não se atentar a isso rapidamente ficará para trás em relação à concorrência e verá seus lucros diminuírem dia a dia.

Uma cultura de inovação significa aplicar o pensamento criativo a todos os aspectos do negócio. Para isso, a contratação de funcionários bem formados e atualizados, assim como a participação da empresa em feiras, encontros, *workshops*, congressos, entre outros, é uma condição fundamental para a permanência na "crista da onda" da tecnologia, da ciência e das práticas empresariais mais inteligentes e lucrativas.

- **segurança psicológica**

Nós, seres humanos, somos criaturas emocionais, e nossa evolução biológica nos programou para funcionar assim. Temos várias áreas no cérebro destinadas às emoções e elas são ativadas por situações bastante cotidianas das nossas vidas.

Nosso cérebro também desenvolveu áreas destinadas ao uso da racionalidade, mas que nem sempre conseguem dialogar com as emoções, nos causando grandes conflitos internos e insegurança. Para que o coletivo de pessoas possa vivenciar um ambiente saudável do ponto de vista emocional, é fundamental que a preocupação com a segurança psicológica dos colaboradores seja algo constante.

Muitas empresas costumam fazer um ou dois eventos anuais buscando fomentar reflexões acerca do nosso comportamento no ambiente de trabalho, mas poucas desenvolvem o monitoramento constante da saúde emocional dos colaboradores.

Para fortalecer a segurança psicológica nos ambientes de trabalho, é importante que os líderes desenvolvam uma capacidade de interpretação dos sinais comportamentais emitidos pelos colaboradores e saber o momento certo de intervir, além de fornecer o suporte que eles precisam para assumir os riscos presentes nas atividades.

Durante o processo de trabalho, é importante que o líder forneça sempre um *feedback* claro e honesto, separando possíveis críticas sobre a pessoa de sua atuação profissional. Em outras palavras, deve-se evitar falar "você está equivocado" e substituir por "sua intervenção está equivocada". Parece algo simples, mas faz toda a diferença entre uma abordagem ofensiva e uma orientação assertiva.

Lembre-se que a segurança psicológica deve ser planejada e executada no nível da equipe e não no nível individual, pois, caso contrário, alguns colaboradores se sentirão inferiorizados e injustiçados perante os outros, gerando um ambiente pesado, cheio de teorias conspiratórias e de conversas paralelas.

Cabe aos gestores assumir a liderança na criação de um ambiente seguro, onde todos se sintam confortáveis para que o foco seja a possibilidade de cada um oferecer a sua melhor versão profissional em prol dos objetivos institucionais.

Todas as reflexões que fizemos até aqui se aplicam em qualquer tipo de organização, seja ela uma empresa com fins lucrativos, uma entidade sem fins lucrativos ou mesmo uma agência governamental, pois todas elas são feitas pelo único ser vivo capaz de mudar o destino de sua própria espécie e de um planeta inteiro: o ser humano.

1.2 COMO IDENTIFICAR

Muitas organizações traçam objetivos e estratégias de curto, médio e longo prazos para desenvolver a cultura corporativa desejada, formalizando-a por meio de declarações de valores e políticas compartilhadas. Estas são destinadas a efetivar esses valores culturais, assim como transmiti-los aos novos colaboradores que vão sendo inseridos com o passar do tempo, para que assimilem rapidamente o novo ambiente, evitando vícios laborais de outras experiências anteriores.

Outras organizações assistem sua cultura evoluir organicamente ao acaso e ao longo do tempo, sem controlar ou avaliar os riscos potenciais que se desdobram a partir dela. Tais organizações, no entanto, podem acabar com uma cultura pobre ou até mesmo tóxica, porque não criaram meios para relacioná-la aos objetivos institucionais e à necessidade de formar diferenciais competitivos no mercado a partir da atuação de seu time de colaboradores.

Seria o mesmo que pensarmos em um time que é treinado para um jogo, mas sem nenhuma informação sobre qual o tipo e o nome do campeonato e nem a qualidade técnica e tática do adversário. Quando uma situação semelhante a essa ocorre nos ambientes corporativos, geralmente estes se tornaram locais onde os colaboradores não sentem satisfação em trabalhar e interagir com seus colegas, fazendo que sintam estar apenas cumprindo uma obrigação, olhando o relógio a todo o instante para ver se está chegando o fim do expediente.

Nesses casos, esses trabalhadores costumam despertar desanimados de suas camas ao pensar que terão de retornar aos seus ofícios. Realmente, uma situação como essa é catastrófica para o sucesso empresarial.

A cultura de uma organização determina em grande medida a forma como os trabalhadores se comportam e o que consideram como formas aceitáveis de interagir uns com os outros. Isso acontece pois, em um ambiente saudável, tendemos a tratar bem todas as pessoas, independentemente de cargos, se são funcionários da casa, terceirizados ou clientes.

A cultura de uma organização também pode determinar como ela reage às mudanças, evolução e crises. Isso impacta profundamente a capacidade da organização em inovar e ter sucesso, tanto no curto quanto no longo prazo.

A evolução tecnológica e científica puxada pelas grandes companhias industriais mundiais promove a necessidade constante de muitas empresas de menor porte adotarem processos mais eficazes e de lançarem novos produtos capazes de atender às expectativas dos consumidores.

Paralelamente a isso, temos as mudanças de ordem cultural da própria sociedade, que passa a adotar novos hábitos de vida e consumo. Um exemplo disso é a disseminação do veganismo enquanto prática nutricional, fazendo que a indústria alimentícia tenha de investir em pesquisas capazes de fornecer uma maior diversidade de alimentos para esse grupo.

Como vimos nos exemplos dos parágrafos anteriores, é fundamental que todas as organizações tenham a flexibilidade e a resiliência necessárias para que suas equipes possam ser criativas e operacionais nos momentos de maior demanda de soluções.

Em países desenvolvidos localizados em áreas de grande incidência de vulcanismo e terremotos, desde a infância os cidadãos são instruídos sobre como agir diante desses eventos geológicos. Portanto, na hora da crise, não há pânico e correria, pois essa reação aumentaria o número de vítimas: ao invés disso, todos sabem exatamente como devem proceder para a evacuação dos prédios e para a busca de alojamentos em locais mais seguros, mesmo com muitas pessoas envolvidas.

CONCEITOS E PRINCÍPIOS DA CULTURA EMPRESARIAL

Não é à toa que esses países possuem uma grande e rápida capacidade de reconstrução após estas tragédias naturais. E o segredo para isso está na cultura que essas nações escolheram para si ao viver de forma comunitária. Esse exemplo nos mostra que quanto mais instruídos são os funcionários por meio de uma cultura organizacional eficaz, maior é a capacidade da empresa em superar os desafios, estabelecer-se e desenvolver-se.

Se existe algo que é certo na economia mundial é que as crises virão, causando pequenos ou grandes impactos dependendo da resiliência financeira, da capacidade de trabalho e da criatividade dos países e das empresas.

Mais recentemente, a pandemia do novo coronavírus colocou em xeque toda a humanidade, que se viu em uma situação bastante atípica. As epidemias e pandemias sempre existiram e várias delas foram relatadas historicamente. Mas esta pandemia foi a primeira em um mundo completamente globalizado, com fluxos de pessoas, capitais e mercadorias bastante complexos que ligam diferentes partes do mundo, o que contribuiu para a rapidez da disseminação do vírus e da consequente crise econômica.

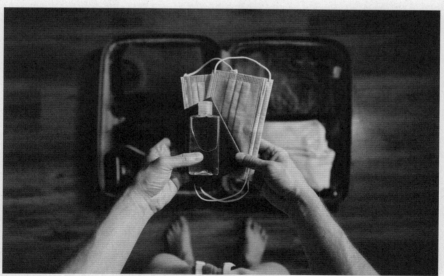

A pandemia do novo coronavírus mudou os paradigmas do mundo.

Agora, vamos imaginar que você tem interesse em conseguir um trabalho em determinada empresa. Como é possível saber se a cultura organizacional lá presente condiz com as suas convicções e necessidades? Existem

A CULTURA DE UMA ORGANIZAÇÃO DETERMINA EM GRANDE MEDIDA A FORMA COMO OS TRABALHADORES SE COMPORTAM E O QUE CONSIDERAM COMO FORMAS ACEITÁVEIS DE INTERAGIR UNS COM OS OUTROS.

@josepaulogit

várias possibilidades ao seu alcance para descobrir mais sobre a cultura de uma empresa. Veja estas dicas:

- visite o site oficial da empresa, em particular a aba "Sobre nós" ou "Quem somos". Muitas vezes, será possível encontrar um relato histórico desde a fundação até o período atual, assim como a descrição da visão, da missão e dos valores da instituição. Alguns sites de empresa também têm depoimentos de funcionários, parceiros e clientes, o que pode ser uma forma de acessar opiniões sobre a cultura do lugar.

- faça algumas pesquisas na internet e confira os comentários realizados sobre a empresa. Existem alguns sites especializados em receber reclamações de consumidores e as empresas afetadas têm a oportunidade de buscar resolver os problemas denunciados. Boas empresas possuem ótimos índices de resolução de problemas, gerando avaliações positivas dos seus consumidores. Uma empresa que não trata bem seus clientes, dificilmente tratará bem seus funcionários.

- procure descobrir em sua rede de amigos e familiares se conhece alguém que trabalha para uma empresa que você está interessado. Em seguida, veja a possibilidade de marcar um bate-papo com essa pessoa, para buscar maiores informações sobre como é trabalhar lá dentro. Alguns sites e redes sociais como o LinkedIn (www.linkedin.com), dedicados ao mundo do trabalho e das organizações, que facilitam esses contatos profissionais.

- procure refazer contatos com pessoas que fizeram faculdade ou outros cursos com você, além daqueles que foram seus colegas em outras instituições. Um ou vários deles podem ser funcionários da empresa que você está almejando.

- quando conseguir uma entrevista na empresa desejada, será possível descobrir informações sobre a cultura ali existente. O entrevistador provavelmente lhe fará perguntas para avaliar se você se encaixaria na cultura da empresa. No entanto, você também pode fazer perguntas nos momentos oportunos sobre questões específicas que são importantes para você, como, por exemplo, a quantidade de trabalho independente *versus* trabalho em equipe, qual seria a sua carga de trabalho diária, oportunidades de desenvolvimento de carreira etc.

- se lhe oferecerem um emprego e você ainda não tiver compreendido a cultura da empresa apenas pelos relatos, pergunte se é possível seguir alguém no departamento por um dia ou algumas horas. Essa será uma maneira útil de presenciar a dinâmica do escritório em questão e fazer quaisquer perguntas restantes.

1.3 O FUNCIONAMENTO

Como já citamos anteriormente, a cultura de uma empresa pode ser expressa e deliberadamente cultivada, ou simplesmente resultar do acúmulo de decisões tomadas ao longo do tempo.

No primeiro caso, presenciamos a ação consciente e constante da liderança em buscar direcionar a criação de uma cultura corporativa condizente com seus valores e objetivos, influenciando positivamente os funcionários, que se tornam atores ativos do processo de desenvolvimento institucional.

No segundo caso, percebemos uma direção apenas voltadas às estratégias comerciais, compreendendo o capital humano da empresa como mero prestador de serviços, passivo e cumpridor de ordens.

Percebemos que, enquanto um modelo procura valorizar o ser humano e as potencialidades profissionais, o outro modelo entende que em uma empresa não há lugar para manifestações da cultura, pois é apenas local de trabalho sistemático. Esta última visão é bastante equivocada, pois com uma forte cultura da empresa, os colaboradores compreendem a forma como são produzidos os resultados e os comportamentos esperados, tendendo a agir em conformidade.

Algumas empresas têm uma cultura de trabalho coletivo que enfatiza a participação dos funcionários em todos os níveis, enquanto outras têm uma cultura na qual a gestão formal, tradicional ou hierárquica é valorizada. Em ambos os casos é possível a construção de uma cultura organizacional sadia, pois muitas pessoas preferem estilos mais tradicionais.

Por isso, é importante que já no processo de seleção sejam identificados esses perfis, pois um trabalhador que prefere um estilo mais participativo certamente encontrará dificuldades em se adaptar e vice-versa.

Quando você trabalha em uma empresa com um estilo de gestão tradicional, suas responsabilidades de trabalho serão claramente definidas.

Mas as oportunidades de avanço de carreira costumam ser mais restritas e metódicas, geralmente realizadas por meio de um processo formal de promoção ou transferência.

Em um local de trabalho mais casual, os funcionários muitas vezes têm a oportunidade de assumir novos projetos e funções adicionais conforme o tempo permite, proporcionando mais agilidade nos processos. Assim, as empresas encontram soluções mais rápidas e eficientes, por meio do estímulo da própria criatividade dos recursos humanos ali já existentes.

É importante avaliar o tipo de empresa que você mais se adaptaria: uma mais conservadora e com trabalhos individuais ou uma mais inovadora, com um trabalho mais coletivo?

CULTURA EMPRESARIAL

Por outro lado, é bastante importante que os líderes tenham a sensibilidade necessária para interpretar os diferentes perfis existentes, pois um comportamento que pode parecer agradável e amistoso para uns pode ser considerado desagradável e invasivo para outros. No passado, muitos líderes consideravam que tinham um poder tão grande dentro da empresa que lhes permitia tratar seus subordinados como bem entendessem, geralmente com um comportamento tóxico e agressivo.

Atualmente, esses casos costumam ser denunciados para as varas da justiça trabalhista, o que pode causar punições e multas paras as empresas. Dependendo do caso, a repercussão pública pode abalar seriamente a imagem da empresa, mesmo que apenas um líder esteja envolvido.

Quando isso acontece, a imagem e a credibilidade da empresa podem sofrer um grande desgaste, principalmente nos casos de assédio moral, sexual ou discriminação religiosa, homofóbica, racial e de gênero.

Na verdade, essas denúncias são importantes, pois somente assim desenvolvemos uma sociedade mais humana, solidária e respeitosa. Não há mais espaço para os abusos e isso é algo a ser comemorado, pois os ambientes de trabalho das empresas só têm a ganhar e a se fortalecer com isso.

É importante estarmos atentos aos diferentes perfis biopsicossociais (biológicos, psicológicos e sociais) dentro de uma empresa, para que todos sejam valorizados e, assim, possam entregar o melhor resultado possível em suas funções.

Alguns perfis são extrovertidos e outros introvertidos; uns quietos, outros comunicativos; uns sérios, outros sorridentes; uns calmos outros ansiosos; uns gostam de deliberar, outros preferem receber comandos. É extremamente importante que todos possam respeitar e ser respeitados por suas características, pois todas elas são importantes e se encaixam de maneira mais satisfatória em determinadas tarefas nas empresas.

Nas últimas décadas, uma variedade de empresas e *startups* altamente inovadoras invadiu o mercado nacional e internacional, principalmente no ramo de serviços digitais, fazendo uma verdadeira revolução nas formas pelas quais consumimos entretenimento, alimentos e nos deslocamos nos espaços urbanos.

A Netflix, por exemplo, é uma dessas empresas pioneiras que mudou totalmente o mercado de filmes e séries, anteriormente restritos aos cinemas, aos canais de assinatura e às locadoras de vídeos. Essas locadoras praticamente deixaram de existir em poucos anos, pois a tecnologia permitiu acessarmos qualquer título pelos nossos tablets, smartphones, computadores e televisores, e várias empresas passaram a competir nesse novo mercado.

Para alcançar o sucesso em seus negócios, essas empresas tiveram que traçar planejamentos e metas extremamente ousadas, já que estavam iniciando suas atividades de uma forma nunca vista pelo público. Para isso, precisaram montar equipes de trabalho com colaboradores que tivessem uma visão semelhante, alinhados com os princípios da inovação e da ousadia.

De forma constante, a Netflix explicita seus valores aos seus colaboradores: julgamento, comunicação, curiosidade, coragem, paixão, altruísmo, inovação, inclusão, integridade e impacto. Dessa forma, a empresa espera que esses valores façam parte do cotidiano dos trabalhadores em cada ação e interação realizada, resultando, assim, em uma organização criativa, colaborativa e bem-sucedida, o que de fato vem se consolidando até agora.

Felizmente, muitas empresas na atualidade tornaram seus ambientes de trabalho mais descontraídos e divertidos. E, ao contrário do que alguns pensam – de que isso pode afetar negativamente a produtividade, observa-se justamente o oposto: funcionários felizes produzem mais, com mais qualidade e com menos necessidade de refazer trabalhos.

O segredo para isso é desenvolver ambientes mais lúdicos e solidários, mas sem descuidar das metas estabelecidas, as quais, quando alcançadas, devem sempre ser celebradas e, de preferência, gerar algum tipo de premiação aos colaboradores, que pode ser financeira ou simbólica.

Se você está procurando uma empresa que é divertida para trabalhar, a cultura da empresa será o principal componente de análise para a sua tomada de decisão ao avaliar potenciais empregadores.

1.4 BENEFÍCIOS

Nos tempos atuais, inegavelmente somos influenciados pelas redes sociais e conseguimos perceber isso quando, por algum problema técnico, estas redes ficam "fora do ar" por alguns minutos ou horas. Quando isso acontece, nos sentimos meio perdidos e isolados, olhando para nossos smartphones e esperando aquelas mensagens as quais estamos tão acostumados a receber.

Em outras redes sociais, artistas, influenciadores e outras personagens publicam vídeos e fotos, sempre mostrando o melhor lado possível de suas vidas, o que na maior parte dos casos difere demasiadamente do estilo de vida da média da população.

Dificilmente essas fotos e vídeos postados mostram pessoas trabalhando, pois quase sempre as pessoas procuram ostentar seus momentos de lazer. Esse verdadeiro bombardeio de imagens a que estamos submetidos, mostrando corpos "sarados" levando vidas fáceis e divertidas, pode gerar um falso sentimento de que somos infelizes e de que estamos em um caminho errado.

Grande parte das nossas vidas é utilizada para o trabalho e isso não precisa ser uma carga ou gerar sentimento de frustração. Pelo contrário, é por meio do trabalho que nos tornamos úteis à sociedade e podemos realizar sonhos ligados às nossas famílias e ao consumo de produtos e experiências.

As empresas podem e devem contribuir com esse processo de transformação do trabalho em um valor positivo em nossa sociedade. Os funcionários certamente valorizarão a cultura da empresa, porque eles estarão propensos a desfrutar dos seus benefícios quando as suas necessidades e valores são a ela alinhados.

Quando é possível trabalhar em uma instituição na qual a cultura favorece a integração, você tenderá a desenvolver relacionamentos melhores com colegas de trabalho e ser mais produtivo. Por outro lado, se você trabalha em uma empresa e não se encaixa com a sua cultura, é provável que tenha muito menos prazer em realizar as suas atividades. Por exemplo, se você prefere trabalhar de forma independente, mas é empregado por uma empresa que enfatiza o trabalho em equipe, é provável que você se sinta desconfortável.

A cultura organizacional também é importante para os empregadores, porque os trabalhadores que se encaixam na cultura da empresa provavelmente não só serão mais felizes, como também mais produtivos. Além disso, quando um funcionário se encaixa com a cultura, é provável que ele queira permanecer nessa empresa por mais tempo, o que reduz o inconveniente das novas adaptações e os custos associados ao treinamento de novos contratados.

Dependendo da modalidade da contratação, como no caso da CLT (Consolidação das Leis do Trabalho), reter funcionários pode significar uma diminuição dos custos trabalhistas envolvidos em demissões e possíveis reclamatórias judiciais.

É IMPORTANTE ESTARMOS ATENTOS AOS DIFERENTES PERFIS BIOPSICOSSOCIAIS (BIOLÓGICOS, PSICOLÓGICOS E SOCIAIS) DENTRO DE UMA EMPRESA, PARA QUE TODOS SEJAM VALORIZADOS E, ASSIM, POSSAM ENTREGAR O MELHOR RESULTADO POSSÍVEL EM SUAS FUNÇÕES.

@josepaulogit

Outra questão importante relacionada à permanência dos funcionários é justamente contribuir para o fortalecimento da cultura interna, pois, com muitas mudanças no quadro pessoal, influências externas podem inserir novos hábitos que nem sempre são compatíveis com o esperado.

Por mais que os manuais descrevam com perfeição a conduta a ser vivenciada pelos funcionários, é importante lembrar que os hábitos são passados de pessoa para pessoa com muito mais rapidez e eficácia do que um manual poderia fazê-lo. Muitas vezes, os códigos escritos, como algumas leis presentes na Constituição Brasileira, são simplesmente ignorados ou desrespeitados pelas pessoas, empresas, e até mesmo pelo próprio poder público.

Um exemplo bem corriqueiro é a questão do lixo. É proibido jogá-lo em locais inadequados, sendo um ato ilícito passível de multa, mas que é ignorado por muitas pessoas. Por outro lado, existem alguns lugares onde a cultura do respeito a essa norma é tão grande que ninguém ousa jogar sequer um papel de bala no chão, pois todos ao redor irão reprovar a ação, o que submeterá o infrator a uma vergonha pública.

Quando uma norma é cumprida por uma pessoa ou por um grupo sem necessariamente estar escrita e publicada, dizemos que é uma conduta adequada por um "comportamento tácito". As empresas que possuem maior sucesso derivado da sua cultura organizacional interna são aquelas que, além de disponibilizarem um manual físico ou digital com todas as normas, também possuem funcionários que cumprem cada item por meio de um comportamento tácito que aprenderam com os colaboradores mais experientes e com maior tempo de casa.

A cultura organizacional afeta todos os aspectos de um negócio, desde a assiduidade e a pontualidade até os termos de contrato e os benefícios para os funcionários. E, nesse sentido, quanto maior o nível hierárquico, maior deve ser o comprometimento com as normas.

Até algumas décadas atrás, era possível perceber uma cultura na qual os líderes eram os últimos a chegar e os primeiros a sair, pois isso era visto como um privilégio alcançado pelos serviços prestados e pelo longo tempo de casa.

Com as mudanças nos valores da sociedade, atualmente um comportamento como esse é compreendido como totalmente desrespeitoso. Hoje, se um líder quer garantir o respeito à cultura interna, deve ser o primeiro a chegar e o último a sair, ou, no mínimo, permanecer nos horários compatíveis com os da sua equipe.

CONCEITOS E PRINCÍPIOS DA CULTURA EMPRESARIAL

A cultura é uma vantagem fundamental quando se trata de atrair talentos e superar a competição. Em um levantamento feito pelo site *Glassdoor*, especializado em empresas, cerca de 77% dos trabalhadores nos Estados Unidos consideram a cultura de uma empresa antes de se candidatar, e quase metade dos funcionários deixaria seu emprego atual por uma oportunidade de menor remuneração em uma organização com uma cultura mais favorável.

A cultura de uma organização também é um dos principais indicadores de satisfação dos funcionários e um dos principais motivos para que quase dois terços (65%) deles permaneçam em seu trabalho.

Segundo estes funcionários, quando a cultura do local de trabalho favorece o desenvolvimento profissional e pessoal e uma comunicação clara e franca, é mais provável que se sintam mais confortáveis e apoiados. Esses valores são universais e, quando estão presentes nas famílias, por exemplo, elas permanecem mais unidas e capazes para enfrentar as dificuldades do dia a dia.

Portanto, perceber a empresa como uma extensão da família, criando um ambiente respeitoso e estimulante, é um dos grandes segredos das organizações de sucesso.

Passamos, muitas vezes, mais tempo no trabalho do que em nossas casas. Será que vale a pena insistir em trabalhos que não são para você?

CULTURA EMPRESARIAL

Experiência Ideal Trends

A cultura organizacional é um tema extremamente importante para o Grupo Ideal Trends, o qual o conceitua como "um conjunto complexo de valores, crenças e ações que definem a forma como uma organização conduz o seu negócio." Devido a sua atuação em grande abrangência geográfica, com funcionários locados em diversas cidades brasileiras e nos Estados Unidos, considerar a história, os costumes e tudo aquilo que se aprende por meio da convivência social em determinados grupos são questões relevantes para a empresa.

A cultura corporativa no Grupo Ideal Trends funciona como um guia de comportamento e mentalidade para os funcionários, fomentando as práticas, os hábitos, o comportamento, os princípios, a política, as crenças, entre outros fatores.

Segundo Idalberto Chiavenato (2004), é possível fazer uma analogia entre a cultura organizacional e um iceberg, o qual possui apenas uma faixa – cerca de 10% a 20% – acima do nível do mar, ou seja, visível aos olhos. O restante permanece oculto, exigindo um "mergulho" para que possa ser visualizado.

Adaptada de Chiavenato (2004).

Além dos atributos revelados na ilustração a seguir, podemos utilizar como exemplo um navio, para elencar algumas características que podem levá-lo ao naufrágio:

- **problemas visíveis** (visão, valores, comportamentos, políticas, procedimentos e sistemas):
  - rotatividade de colaboradores;
  - performance do negócio;
  - colaboradores não engajados.
- **problemas pouco visíveis** (crenças, premissas, valores, percepções sobre as funções, tradições, símbolos e ritos):
  - inovação estagnada;
  - líderes despreparados.
- **problemas não visíveis** (regras não escritas, acordos tácitos ou velados, dinâmicas e padrões cocriados):
  - cultura e estratégia em desalinhamento;
  - falta de clareza de valores e propósitos;
  - resistência à cultura atual ou às mudanças necessárias.

Para nós do Grupo Ideal Trends, quando falamos de cultura organizacional, não precisamos "reinventar a roda". É possi-

PERCEBER A EMPRESA COMO UMA EXTENSÃO DA FAMÍLIA, CRIANDO UM AMBIENTE RESPEITOSO E ESTIMULANTE, É UM DOS GRANDES SEGREDOS DAS ORGANIZAÇÕES DE SUCESSO.

@josepaulogit

velmente viável e até mesmo inteligente observar as melhores práticas existentes em outras empresas e utilizá-las como inspiração. Isso se deve ao fato de podermos ter acesso a ideias que já foram colocadas em prática, diminuindo consideravelmente os riscos quando da aplicação da cultura ou de fragmentos dela.

Porém, é necessário sempre um monitoramento da forma como a cultura se processa na empresa e isso pode ser desencadeado a partir de perguntas muito simples, como por exemplo:

- como a cultura está impactando nos resultados?
- os líderes atuais conseguirão acompanhar o crescimento da empresa?

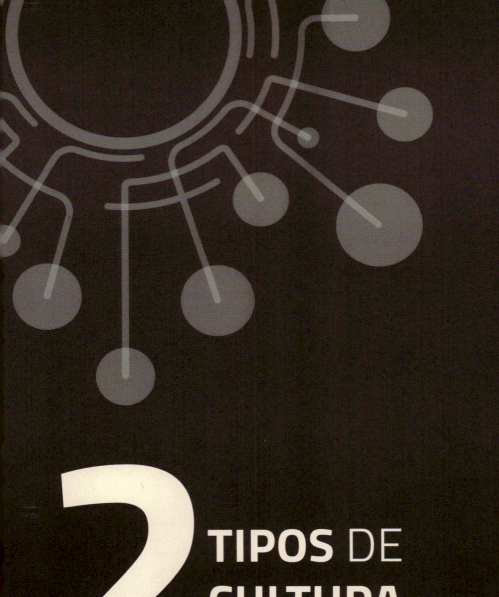

2 TIPOS DE CULTURA EMPRESARIAL

No início do primeiro capítulo, abordamos um pouco a história da organização humana em sociedade, que começou com pequenos grupos e culminou com as grandes nações existentes. Na verdade, em nossa vida, podemos participar de vários tipos de grupos sociais, que variam em tamanho e grau de coesão.

Geralmente nosso primeiro agrupamento social é o familiar, organização essa que sofreu várias alterações ao longo da história. Até há algumas décadas, era comum a existência de famílias nucleares (pai, mãe e filhos) bastante numerosas, muitas vezes com mais de dez filhos. No Brasil, a partir da década de 1960, esse número começou a cair e, em 2010, foi registrada uma média de 1,94 filhos por casal, segundo dados do Instituto Brasileiro de Geografia e Estatística (IBGE).

Podemos participar também de outros agrupamentos sociais, nas igrejas, nos clubes ou nos estádios de futebol. Um tema que nos liga a uma pessoa em certa oportunidade, não necessariamente manterá essa ligação em outra situação. Por exemplo, duas pessoas podem frequentar a mesma igreja, serem unidas por uma mesma crença, compartilhando momentos de fé e devoção e, no outro dia, estas duas mesmas pessoas podem estar cada uma delas em torcidas rivais dentro do estádio do Maracanã, entoando gritos nada amigáveis ao torcedor adversário.

CULTURA EMPRESARIAL

Portanto, nossa vida social é complexa e isso se deve à cultura vigente em cada grupo que frequentamos. Por isso, desenvolvemos a nossa capacidade de se mesclar dentro de um determinado grupo para que sejamos aceitos.

Por exemplo, se você é convidado para um churrasco à beira de uma piscina, não vai usar o terno com o qual costuma frequentar um culto religioso. Da mesma forma, você não vai para o escritório da empresa de chinelo e bermuda. Nem sempre essas regras são escritas, e sim construídas e exercidas de forma tácita, como citamos anteriormente.

Quando abordamos a cultura empresarial, não estamos falando de uma cultura homogênea, vivenciada da mesma forma em todos os ambientes de trabalho. Cada empresa cria um tipo de cultura que, como vimos, pode ser espontânea ou direcionada. Além disso, cada empresa está inserida em um ramo de negócio, precisando se posicionar de diferentes maneiras para o seu público, com o objetivo de atraí-lo. As empresas fazem isso por meio de sua imagem, que é construída ao longo do tempo com muito esforço e persistência.

A cultura de uma empresa influencia, mas também é influenciada pelo seu time.

Vamos fazer um teste: pense em uma marca de chinelo, de refrigerante, de bicicleta, de automóvel, de smartphone... provavelmente as marcas que primeiramente vieram à sua cabeça são as mesmas opções lembradas pelos demais leitores desse livro.

Todas as empresas bem-sucedidas desenvolvem um excelente trabalho em sua cultura institucional ou, ao menos, passaram a fazê-lo em algum período de sua existência, afinal, esse tema não era algo muito percebido no passado.

Segundo Smircich (1983), é possível organizar os enfoques da cultura organizacional em duas grandes categorias. Na primeira, a cultura organizacional é considerada uma ferramenta capaz de auxiliar na aplicação de estratégias e direcionar o rumo das empresas com mais eficácia. Nessa visão, o desempenho da organização seria fruto dos valores, crenças e sentimentos compartilhados por seus membros e pelo compromisso assumido por todos os envolvidos.

Na segunda categoria, a cultura é entendida como uma metáfora, ou seja, como o resultado de uma construção social da realidade. Em outras palavras, todos os acontecimentos que ocorrem dentro das empresas seriam coletivos, sendo que as percepções, os conhecimentos e os juízos de valor de cada indivíduo interagem para formar um retrato organizacional.

Para Schein (1992), um dos mais renomados autores sobre este tema, é possível percebermos a cultura organizacional em três níveis:

- **artefatos** – são as estruturas e processos organizacionais visíveis;
- **valores** – são as estratégias, os objetivos e a filosofia do negócio;
- **pressupostos** – são as crenças, percepções, pensamentos, sentimentos e emoções, muitas vezes inconscientes.

Buscando compreender os estilos culturais em diversos tipos de empresas, os autores Quinn e Rorbaugh (1981) desenvolveram um esquema denominado "modelo de valores competitivos", o qual parte do pressuposto que as organizações podem ser categorizadas pelas suas características comuns.

Para ficar mais claro, esse modelo aborda quatro grupos de valores organizacionais que representam suposições básicas opostas ou que competem em si continuamente. Observe a figura a seguir:

CULTURA EMPRESARIAL

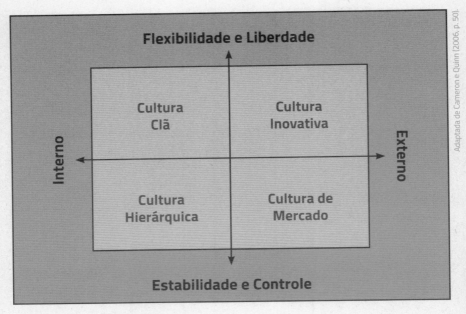

Tipologia cultural de Cameron e Quinn

No eixo horizontal, valores organizacionais que constituem forças oriundas de dois lugares distintos disputam a produção de características culturais na empresa: o **interno**, que é núcleo da própria empresa e, o **externo**, que são as influências do mercado e da sociedade.

No eixo vertical, temos outros dois valores organizacionais produtores de influência cultural: a **flexibilidade** e a **liberdade**, que permitem à empresa ter elevado grau de criatividade e inovação, mas correr altos riscos nos negócios; e a **estabilidade** e o **controle**, que tiram a ousadia da empresa em alterar tendências de mercado e competir, mas garantem maior previsão sobre os resultados.

O grande mérito deste esquema é facilitar a compreensão de que uma empresa dificilmente será gerida por apenas um desses quatro polos de influência cultural. Além disso, permite quantificarmos o grau de cada tipo de influência. Assim, os gestores podem avaliar se a cultura interna está adequada ou não ao seu planejamento e conseguir visualizar em qual dos quatro quadrantes será necessário realizar intervenções.

Os valores organizacionais interpretados como preponderantes na conduta de uma organização nos revelam um determinado estilo cultural que norteia e conduz o comportamento da empresa no mercado em que atua e compete.

Vamos, agora, adentrar o mundo destas diferentes culturas corporativas existentes, buscando compreender os principais padrões, suas características, seus funcionamentos e as formas pelas quais evoluem e agregam as pessoas.

2.1 CULTURA DO CLÃ

Por mais que o ser humano tenha passado por um processo fantástico de evolução biológica, principalmente relacionado ao desenvolvimento do seu cérebro, ainda possuímos muitas estruturas primitivas em nosso comportamento. Continuamos nascendo como qualquer outro mamífero e nossos filhotes estão entre os mais frágeis do reino animal, embora o nosso cérebro seja único em toda a natureza.

Nossa espécie, *Homo sapiens*, possui mais de 60 mil anos e, em 99% desse tempo, permanecemos com uma estrutura social caracterizada pelo clã, ou seja, agrupamentos de algumas dezenas até algumas centenas de indivíduos, caracterizados pelo nomadismo. Em outras palavras, esses grupos não permaneciam por muito tempo nos mesmos lugares, pois quando o alimento começava a ficar escasso ou o frio intenso se aproximava, costumavam migrar para regiões mais favoráveis à sobrevivência.

Somente há mais ou menos 12 mil anos alguns grupos humanos passaram a desenvolver a agricultura de forma bastante rudimentar, mas consistente o suficiente para fixar esses grupos em apenas um lugar, já que não faz sentido plantar uma semente e ir embora.

A agricultura nos mostrou a necessidade de cultivarmos as plantas, regando, tirando as ervas daninhas e esperando o momento certo para a colheita. Porém, a humanidade continuou a caçar e a coletar alimentos, mas, sem dúvida, a agricultura favoreceu o desenvolvimento cerebral, pois aumentou a disponibilidade de nutrientes e proteínas.

CULTURA EMPRESARIAL

Além das atividades ligadas à sobrevivência, todos os grupos humanos também desenvolveram o que chamamos de *pensamentos mágicos*, ou seja, passaram a atribuir a animais e a fenômenos da natureza algum significado transcendental. Por exemplo, um raio que caísse perto da aldeia poderia ser interpretado como um sinal enviado por espíritos da floresta ou deuses.

Para acalmar essas entidades, os clãs costumavam fazer rituais, lhes destinando oferendas e pedindo proteção contra clãs invasores, fartura na caça e na colheita. Nesses rituais, era comum a participação de todos do clã, que desempenhavam danças, batuques e ingeriam certos tipos de alimento especiais à ocasião. Por isso, cada grupo humano construiu o seu próprio acervo de crenças, pois era necessário se diferenciar culturalmente dos potenciais inimigos.

A estrutura de hierarquia nos clãs era bastante visível. Os mais velhos geralmente detinham maior autoridade do que os mais novos, e, os adolescentes só eram autorizados a fazer as atividades dos adultos após participar de rituais, os quais eram marcos que delimitavam diferentes estágios da vida.

Obviamente, milhares de grupos humanos existiram em toda a história e Pré-História. Alguns deles foram completamente exterminados e o que sabemos sobre seus modos de vidas foi possível pelas descobertas arqueológicas e pelos relatos antigos de viajantes.

A maior parte da humanidade não vive mais em clãs e aldeias, as quais foram substituídas pelas cidades, muito maiores em tamanho e população. Os povos que restaram nessas organizações sofrem para coexistir com a sociedade global, pois vivem em áreas cobiçadas do ponto de vista econômico. Felizmente, nas últimas décadas, a Organização das Nações Unidas (ONU) passou a promover encontros e cooperação internacional para apoiar esses grupos, mas que continuam ameaçados em alguns países.

Agora que sabemos um pouco mais sobre a estrutura social e cultural dos clãs, podemos imaginar que essa realidade está muito distante de nós, que fazemos parte das sociedades urbanas globalizadas e conectadas em tempo real pela internet. Mas, na verdade, elementos da estrutura do clã ainda se fazem presentes em nossa sociedade. Podemos perceber isso nos almoços de família, nos grupos de adolescentes, nas torcidas organizadas nos estádios de futebol etc. Continuamos produzindo nossos rituais, como batismos, formaturas, casamentos, aniversários, funerais etc., todos eles oriundos do clã.

Muitas empresas também são altamente influenciadas pela cultura do clã, principalmente aquelas formadas por membros de uma mesma família. Algumas dessas empresas cresceram exponencialmente, mas, mesmo assim, conservam uma certa estrutura familiar, mesmo tendo centenas ou milhares de funcionários.

Uma cultura de clã tem grande foco nas pessoas e nas relações estabelecidas entre elas, no sentido de que a empresa se comporta como uma grande família feliz. Estes ambientes de trabalho costumam ser altamente colaborativos, isto é, cada indivíduo é valorizado e a comunicação é uma prioridade máxima.

A cultura do clã é frequentemente compreendida pela existência de uma estrutura mais horizontal, que ajuda desse modo a quebrar barreiras de comunicação entre a liderança e os liderados, além de incentivar oportunidades de mentoria. Isso não significa que a hierarquia não esteja presente, apenas é suavizada pelo caráter comunitário da estrutura de um clã. Essas empresas são orientadas para a ação e costumam abraçar as mudanças quando comprovadamente se mostram necessárias, uma prova de sua natureza altamente flexível.

Seguir a orientação dos mais experientes é uma marca da cultura do clã.

- **Benefícios**

A cultura do clã proporciona altas taxas de engajamento dos funcionários, e funcionários felizes fazem clientes felizes. Devido ao

A CULTURA DO CLÃ É FREQUENTEMENTE COMPREENDIDA PELA EXISTÊNCIA DE UMA ESTRUTURA MAIS HORIZONTAL, QUE AJUDA DESSE MODO A QUEBRAR BARREIRAS DE COMUNICAÇÃO ENTRE A LIDERANÇA E OS LIDERADOS, ALÉM DE INCENTIVAR OPORTUNIDADES DE MENTORIA.

@josepaulogit

seu ambiente altamente adaptável, há uma grande possibilidade de crescimento da empresa em seu mercado.

- **Desvantagens**

   Uma cultura corporativa de estilo familiar é difícil de manter à medida que a empresa cresce, pois outros interesses externos passam a influenciar o ambiente interno, criando todo tipo de conflitos. Além disso, com uma estrutura de liderança horizontal, as operações do dia a dia podem parecer desordenadas e sem direção.

- **Onde encontrar cultura do clã**

   Não é surpresa que culturas de clãs sejam frequentemente identificadas em *startups*, bem como em empresas menores. Organizações jovens que estão apenas começando as suas atividades colocam uma grande ênfase na colaboração e na comunicação. A liderança interage com os funcionários por *feedback* e troca de ideias e as empresas priorizam a formação de equipes.

- **Como criar essa cultura dentro de sua organização**

   Para cultivar uma cultura de clã dentro da sua empresa, o primeiro passo é recorrer aos seus colaboradores. A comunicação é vital para uma cultura de clã bem-sucedida, então é importante deixar a sua equipe saber que você está aberto a comentários. Descubra o que eles valorizam, o que eles gostariam de transformar, quais ideias eles têm para ajudar a empurrar a empresa ainda mais. Segundo passo: o líder deve colocar as ideias comunitárias em ação, afinal, os liderados esperam a sua ação para se sentirem completamente mentoreados.

2.2 CULTURA DA ADHOCRACIA OU INOVATIVA

Citamos rapidamente no capítulo anterior o chamado fenômeno da globalização, desencadeado no início da década de 1990. Embora muitos considerem que a globalização começou com as Grandes Navegações e a chegada do europeu nas Américas, a maior parte dos estudiosos atribui ao fim do sistema socialista representado pela antiga União Soviética o grande marco do fenômeno.

CULTURA EMPRESARIAL

Agora, pela primeira vez, um só sistema econômico passou a imperar no mundo todo: o capitalismo. Somado a isso, um grande avanço na tecnologia da informação impulsionou a comunicação e o comércio entre diferentes partes do mundo.

A grande crise econômica mundial de 1929 iniciada nos Estados Unidos, embora tenha tido rápida repercussão por lá, começou a ser sentida no Brasil somente dois anos depois. Hoje, qualquer crise que se inicie em um país com média relevância econômica já produz efeitos imediatos em todo o mundo. Isso se deve à complexa rede informacional e de capitais presente entre os países, os quais comercializam diversos tipos de produtos e serviços entre si.

Esse ambiente de negócios criado com a globalização acirrou a concorrência entre as empresas. Se no passado as indústrias nacionais competiam entre si, passaram a competir potencialmente com todas as empresas do seu ramo em escala planetária.

O grande problema é que as empresas da América do Norte, da Europa e de alguns países asiáticos se encontravam alguns ou vários passos à frente sob o ponto de vista tecnológico e organizacional.

Essa realidade foi muito dura inicialmente para o mercado brasileiro, que viu centenas de grandes empresas falirem por não conseguirem competir. Por outro lado, algumas empresas rapidamente se adaptaram e passaram a ser referência internacional em seus ramos de atuação. O nome desse processo de rápida adaptação às mudanças de mercado é chamado inovação ou adhocracia.

A cultura da inovação não está presente apenas nas grandes corporações que atuam na área de tecnologia, como muitos supõem. Se você é um microempresário e possui uma pequena loja de roupas e, de repente, uma loja concorrente é inaugurada do outro lado da rua, provavelmente você começará a ver seus negócios minguarem.

Apenas por constituir uma novidade, a loja concorrente começará a atrair seus antigos clientes. Se esta loja oferecer bons produtos, preços acessíveis, atendimento cordial e possuir um design agradável, você provavelmente terá problemas para conseguir manter seu negócio.

Quando situações como essa acontecem, o empresário precisa correr "atrás do prejuízo", promovendo reformas, descobrindo outros fornecedores, criando campanhas etc. Mas, em grande parte das vezes, todas essas atitudes são tomadas tarde demais, pois nesse meio tempo o concorrente pode ter seduzido seus antigos clientes e consolidado o negócio e sua imagem.

Porém, se o seu negócio fosse baseado na cultura da inovação, talvez seu concorrente nem tivesse ousado colocar uma loja em frente à sua, pois saberia que seria muito difícil prosperar naquele nicho de mercado. Nessa perspectiva, sua loja já teria passado por constantes remodelações, seus vendedores já teriam passado por vários treinamentos de vendas, você já teria modernizado seus processos de prospecção de produtos etc.

Podemos dizer que a cultura da inovação é uma espécie de vacina contra possíveis vírus da concorrência! Obviamente, nem toda a vacina tem cem porcento de eficácia, e um concorrente pode ter uma política de inovação mais sofisticada do que a sua. Mas, mesmo assim, a inovação costuma garantir a perenidade dos negócios face às influências do mercado e às ações dos concorrentes.

As empresas inovadoras sempre buscam a vanguarda de sua indústria – eles sempre estão procurando desenvolver a próxima grande coisa, antes que alguém tenha começado a fazer as perguntas certas. Porém, nem toda iniciativa inovadora consegue acertar o alvo. Muitas invenções não são aceitas pelo público e milhões de reais podem ser investidos sem ter o mínimo retorno. Por isso, toda empresa inovadora também corre grandes riscos.

As culturas inovativas valorizam a individualidade no sentido de que os colaboradores são incentivados a pensar criativamente e trazer suas ideias para a mesa, atitude nem sempre bem vista em organizações cuja hierarquia é mais rígida e os processos mais sistematizados.

De maneira contrária, às vezes um estagiário que traz uma boa ideia pode ter uma rápida ascensão de carreira, por se enquadrar dentro da vocação inovadora da organização. Em uma empresa mais tradicional, esse estagiário dificilmente teria a oportunidade de expor a sua solução.

Como esse tipo de cultura organizacional se enquadra na categoria de foco externo e diferenciação, novas ideias precisam estar atreladas ao desenvolvimento da empresa. Portanto, não é qualquer ideia que serve: a criatividade precisa ser direcionada para soluções possíveis, que possam influenciar o mercado em que a empresa atua, ou, quem sabe, prospectar novos mercados.

CULTURA EMPRESARIAL

A criatividade e a inteligência operacional são características-chave para a cultura inovativa.

- **Benefícios**

Uma cultura inovativa contribui para altas margens de lucro e notoriedade, pois possibilita à empresa ser uma protagonista em seu mercado. Proporcionando sempre novos desafios aos funcionários, eles permanecem motivados com o objetivo de quebrar os modelos convencionais. Além disso, com foco na criatividade e na busca pelo novo, as oportunidades de desenvolvimento profissional são potencializadas, o que facilita a construção de um bom clima organizacional.

- **Desvantagens**

O risco é a existência de um "vizinho incômodo" dessas empresas, então há sempre uma chance de que um novo empreendimento receba ataques de todo o tipo da concorrência. A cultura inovativa também pode promover a competição exacerbada entre os funcionários à medida que a pressão para a criação de novas ideias aumenta. Portanto, os líderes devem possuir grande habilidade em gestão de pessoas, para que possam balancear os talentos individuais com as necessidades de trabalho integrado.

- **Onde você encontrará cultura inovativa**

    Pense no Google, no Facebook ou na Apple — são empresas extremamente ousadas, que miraram em todos os mercados do mundo, incorporam o foco externo, bem como a natureza de risco. Elas são movidas a energia criativa, procurando fazer o que nunca foi feito antes. Culturas de adhocracia são comuns dentro da indústria tecnológica em constante mudança, em que novos produtos estão sendo desenvolvidos e são lançados regularmente.

- **Como criar essa cultura dentro de sua organização**

    Dependendo do perfil da empresa, pode ser difícil desenvolver uma cultura autêntica de inovação que inclua uma estratégia de negócios de alto risco. Se o ramo da sua empresa é reconhecido pela tradição e pelo conservadorismo no produto, talvez seja possível criar inovações em alguns setores dela, como na produção e no marketing. No entanto, a implementação de grupos de trabalho de estratégia e *brainstorming* proporciona aos funcionários a oportunidade de compartilhar grandes ideias que podem ajudar a impulsionar ainda mais a empresa. Recompensar ideias bem-sucedidas encoraja as equipes a pensar fora da caixa.

2.3 CULTURA DE MERCADO

Mercado é um termo muito utilizado na área de economia, mas de difícil compreensão para muitas pessoas, pois se trata de um conceito que guarda grande subjetividade. Não conseguimos enxergar e nem tocar no mercado, mas ele existe e influencia diretamente as nossas vidas, desde a alimentação até o estilo de vida que adotamos ou podemos adotar.

CULTURA EMPRESARIAL

A integração do mercado mundial faz que acontecimentos de certa relevância em qualquer lugar do mundo nos afetem em menor ou maior grau. Por exemplo, se dois países passam a se agredir diplomaticamente, se ocorre uma fraude contábil em uma grande empresa de abrangência mundial, se um país negligencia a fiscalização de leis ambientais etc., começamos a sentir a influência negativa do mercado, por meio da alta de preços de produtos que parecem não ter relação nenhuma com os fatos.

Na cultura de mercado, o olhar é sempre para o que está acontecendo lá fora.

Às vezes, você pode ir ao supermercado e perceber que o feijão subiu de preço em 40%. O que muitas vezes não enxergamos é que muitos produtores podem ter deixado de produzir feijão para plantar cana-de-açúcar, pois obteriam melhores preços no mercado internacional. Com a diminuição da produção de feijão e a manutenção da demanda, o preço do feijão sobe.

Percebemos que o mercado é um fenômeno extremamente complexo, que pode projetar empresas ao sucesso absoluto, à crise e, até mesmo, à falência. Portanto, quando uma empresa passa a ter a habilidade de compreender não somente o seu nicho de atuação, mas todo o mercado, pode lançar estratégias para trabalhar com a maior segurança financeira possível mediante diferentes cenários econômicos, dos mais até os menos favoráveis.

A pandemia do novo coronavírus, por exemplo, gerou uma crise sem precedentes. A inteligência de algumas empresas e alguns governos já trabalhava com essa perspectiva, pois há vários anos cientistas alertam para o risco epidemiológico. Assim, as organizações que já tinham planos de emergência conseguiram manter certa estabilidade econômica. Mas, as que negligenciaram esse risco, no geral, sofreram bastante.

Por outro lado, algumas organizações fizeram uma rápida leitura do cenário que estava surgindo e redirecionaram ações, diminuíram custos, investiram em produtos que se tornariam uma necessidade, e algumas delas tiveram grande crescimento mesmo num cenário muito difícil.

A cultura de mercado prioriza a rentabilidade acima de tudo. Assim, ressalta a todo o momento aos seus colaboradores a importância de cumprir cotas, atingir metas e obter resultados. Tudo é avaliado sob a perspectiva de majoração dos lucros, independentemente do cenário econômico.

Essas organizações são orientadas a obter resultados que se concentram no sucesso externo e não na satisfação interna. Para que essa mentalidade seja colocada em prática, muitas vezes há vários graus de separação hierárquica entre funcionários e cargos de liderança.

Uma das regras mais básicas a serem adotadas por um investidor bem-sucedido está contida na frase: "nunca coloque todos os ovos no mesmo cesto". De maneira óbvia, se esse cesto cair, provavelmente todos os seus ovos quebrarão. Mas, se você dividir todos esses ovos em alguns cestos, a chance de todos eles caírem é bem menor.

Uma empresa com cultura de mercado utiliza esse mesmo princípio citado. Assim, ela costuma sempre prospectar novos mercados e públicos-alvo diferentes, além de expandir sua linha de produtos. Alguns grupos empresariais fabricam desde um interruptor de energia elétrica até equipamentos para sondas espaciais.

Assim, mesmo que alguma área do seu segmento de vendas esteja passando por uma crise, provavelmente outros segmentos estarão favoráveis, contribuindo para a estabilidade financeira dos negócios e dos seus acionistas.

Também é comum essas empresas buscarem constantemente maiores facilidades para fabricar seus produtos, negociando politicamente com representantes de estados e municípios que cobram menos impostos, que estejam mais próximos dos insumos de produção e ofereçam uma melhor estrutura energética, tecnológica e logística.

Esse conjunto de estratégias, por exemplo, fez que diversas grandes empresas dos países desenvolvidos e em desenvolvimento migrassem suas fábricas para mercados emergentes como a Índia e a China, devido ao menor custo para produção. Por isso, muitas vezes compramos um produto de uma famosa marca dos Estados Unidos, mas na sua etiqueta está escrito *"made in China"*.

- **Benefícios**

    Empresas que possuem culturas de mercado são rentáveis e bem-sucedidas. Como toda a organização está focada externamente, há um objetivo fundamental e os funcionários tendem a se tornar exímios "batedores de metas" e analistas de mercado.

- **Desvantagens dessa cultura organizacional para sua empresa**

    Por outro lado, como há um número e um objetivo atrelado a cada decisão, projeto e posição dentro da empresa, pode ser difícil para os colaboradores se envolverem significativamente com seu trabalho e viverem seu propósito profissional.

- **Onde você encontrará cultura de mercado**

    O objetivo de uma empresa com cultura de mercado é ser a melhor do seu setor. Por causa disso, muitas vezes são empresas maiores que já se tornaram líderes ou possuidoras de uma grande fatia de consumidores em seu segmento. Costumam ser organizações tão focadas e estratégicas que, se o que fabricam e comercializam está com uma margem de lucro insatisfatória, forçada pela concorrência e pelo baixo poder aquisitivo do mercado consumidor, criam seus próprios bancos e passam a lucrar com o financiamento dos seus próprios produtos.

- **Como criar essa cultura organizacional dentro da sua empresa**

Todos os aspectos de uma cultura de mercado estão atrelados ao resultado da empresa. Por isso, comece avaliando cada posição dentro de sua organização. Calcule o ROI de cada função e atribua referências razoáveis para a produção. Considere recompensar os melhores colaboradores para incentivar trabalhos semelhantes.

> ROI vem da abreviação em inglês do termo *"Return Over Investment"*, que podemos traduzir para **"Retorno Sobre Investimento"**. Trata-se de um indicador gerencial usado para saber qual foi o resultado financeiro a partir de um investimento realizado, que pode ser positivo ou negativo.

2.4 CULTURA HIERÁRQUICA

Em vários trechos dessa obra citamos a vida humana na Pré-História, pois vários elementos do nosso comportamento foram desenvolvidos nesse período e nos influenciam até os dias atuais. A divisão dos integrantes de um grupo por um certo nível de importância e poder é um desses elementos bastante antigos da nossa cultura. Podemos definir hierarquia como "classificação, de graduação crescente ou decrescente, segundo uma escala de valor, de grandeza ou de importância" (HIERARQUIA, 2022).

Quando relacionamos esse conceito a um agrupamento humano, podemos concluir que algumas pessoas podem ter uma importância ou um valor maior do que as outras. Porém, essa conclusão pode ser bastante perigosa, porque em um grupo todos têm a sua importância, mas obviamente o grau de responsabilidade de uns é maior do que de outros.

CULTURA EMPRESARIAL

Esquema de uma organização hierárquica de poder.

Quando olhamos a hierarquia social dos animais gregários, percebemos que os líderes geralmente são aqueles que tomam a frente durante os deslocamentos do grupo e, também, são os primeiros a lutar contra os predadores e os inimigos. De tempos em tempos, um indivíduo mais jovem e fisicamente tão grande quanto o líder contesta a sua liderança por meio de um confronto.

Geralmente esses duelos são bastante violentos e sangrentos: de um lado, o animal mais velho tem mais experiência nas lutas; de outro, o desafiante traz as vantagens físicas da juventude, como a rapidez e a flexibilidade. Em alguns casos, o atual líder vence a luta e só depois de algum tempo terá a sua liderança novamente desafiada. Obviamente, quanto mais velho o líder, mais difícil será ganhar essas lutas e, um dia, ele vai perecer devido ao seu envelhecimento.

Nós, seres humanos em nossa fase primitiva provavelmente tivemos uma forma de escolher o líder semelhante a essa. Porém, com o desenvolvimento da cultura, começamos a aprimorar a forma de hierarquia nos grupos, colocando outras funções e criando mecanismos de ascensão e regulação.

Isso provavelmente começou a acontecer por volta de 7 mil anos atrás, quando algumas civilizações humanas mais avançadas desenvolveram seus primeiros exércitos e organizações religiosas. Essas instituições tinham o objetivo de proteger suas cidades e organizações contra os ataques de inimigos e a fúria de forças naturais e espirituais maléficas, respectivamente.

TIPOS DE CULTURA EMPRESARIAL

Essa forma de organização hierárquica permanece bastante rígida em várias instituições até os dias de hoje, como as forças armadas, polícias, estruturas judiciárias, entre outras. Porém, a hierarquia influenciou outras formas de agrupamento, como as famílias. Era muito comum até a década de 1980 que o homem tivesse o papel de líder em uma família com mãe e filhos.

Às mulheres e aos filhos cabia o respeito e a obediência mesmo diante de ordens descabidas, caso contrário, poderiam receber punições como restrições à liberdade e até mesmo castigos físicos. Felizmente, as várias pesquisas na área de antropologia, sociologia, filosofia, psicologia, psiquiatria, entre outras, passaram a contestar a viabilidade de uma estrutura tão arcaica, responsável por grande parte dos traumas que assombram a sanidade física e emocional dos seres humanos.

Em outra via, vários movimentos sociais importantes, com destaque aos movimentos feministas, movimentos negros, movimentos dos portadores de necessidades especiais, entre outros, passaram a mobilizar a sociedade para a necessidade de respeito e inclusão desses segmentos.

Mesmo constituindo um pouco mais da metade do total da população brasileira, apenas recentemente em nossa história as mulheres passaram a ter direitos iguais aos homens, mas isso está longe ainda de acontecer na prática sob alguns pontos de vista.

Em nosso país, estatisticamente, as mulheres recebem salários menores para a mesma função em relação aos homens, e também possuem muito mais dificuldades para alcançar cargos de gerência. Quando olhamos a distribuição de cargos eletivos públicos, como vereador, prefeito, deputado, senador e presidente da república, o número de mulheres é muito inferior ao de homens.

Você leitor deve estar se questionando: quer dizer que a estrutura hierárquica é algo ruim que deve ser abolido? A resposta é NÃO! O problema não é a hierarquia em si, mas sim a forma como ela é realizada, pois ainda é muito injusta em nossa sociedade. Quando conseguirmos viabilizar a participação igualitária de todos as segmentações humanas em uma hierarquia, poderemos usufruir melhor de sua lógica, que pode trazer muitos benefícios organizacionais às empresas.

Mesmo em instituições mais conservadoras, como as Forças Armadas, a participação da mulher já é bastante comum em certas hierarquias, mas ainda tem um número reduzido nas altas patentes, o que mostra que ainda temos um caminho a ser percorrido para a igualdade de gênero.

Toda a empresa tem uma organização hierárquica. Mas, o que caracteriza essa denominação é a ênfase que se dá a sua função organizacional. Geralmente as empresas com culturas hierárquicas aderem à estrutura corporativa tradicional e são caracterizadas pelo foco na organização interna por meio de uma clara cadeia de comando e pelas múltiplas camadas de gestão que separam funcionários e lideranças.

Além de uma estrutura rígida, muitas vezes há um código de vestimenta para os funcionários seguirem. As culturas hierárquicas têm uma maneira definida de fazer as coisas, o que as torna estáveis e avessas ao risco.

Toda instituição com foco na hierarquia costuma ter um código escrito com um detalhamento preciso sobre o que se espera de cada integrante em seu respectivo nível hierárquico, como a maneira de se dirigir a superiores e inferiores, organização de horários, formas e condutas avaliadas para a evolução de nível etc.

Além disso, esses códigos escritos explicitam as formas de julgamento e punição para cada norma não cumprida, seja de maneira involuntária ou deliberada. Portanto, todos devem saber exatamente o que fazer, tornando mais fácil a assimilação das tarefas a serem executadas.

Diferentemente de empresas com cultura inovativa, por exemplo, em que um estagiário competente pode dar uma sugestão capaz de alterar a forma de produção numa empresa, na cultura hierárquica, dependendo do seu nível, o colaborador deve somente executar a tarefa que dele se espera, sem ter a possibilidade de contribuir com mudanças no sistema, mesmo que sua ideia seja brilhante e produtiva.

- **Benefícios dessa cultura organizacional para uma empresa**

    Com a organização interna como prioridade, as culturas hierárquicas têm direção clara. Existem processos bem definidos que atendem aos principais objetivos da empresa.

- **Desvantagens dessa cultura organizacional para uma empresa**

    A rigidez das culturas hierárquicas deixa pouco espaço para a criatividade, tornando, assim, essas empresas relativamente lentas para se adaptarem ao mercado em mudança. A empresa tem prioridade sobre o indivíduo, o que não necessariamente incentiva o *feedback* dos funcionários.

- **Onde você encontrará a cultura hierárquica**

  É possível encontrar culturas hierárquicas em ambas as extremidades do espectro corporativo, desde organizações escolares até as do setor de atendimento ao cliente, como restaurantes de *fast food*. São empresas que estão hiperfocadas na forma como as operações diárias são feitas e, portanto, não estão interessadas em mudar as coisas tão cedo.

- **Como criar essa cultura organizacional dentro da sua empresa**

  O primeiro passo para estabelecer uma cultura hierárquica é sistematizar seus processos. Se a cadeia de comando tiver algumas lacunas, preencha-as. Considere incluir todas as equipes bem como todos os departamentos para garantir que eles tenham objetivos claros a longo e curto prazo.

- **Conclusão sobre a cultura organizacional da empresa**

  A cultura de uma empresa diz muito sobre as equipes de trabalho, sobre o seu posicionamento no mercado e sobre a sua imagem interpretada pelo público. Não existem regras que obrigam uma empresa a ser de um jeito ou de outro, assim como seu sucesso não depende necessariamente das inovações constantes. Algumas empresas bastante conservadoras são muito eficazes em seus negócios, mas elas são a minoria na atualidade.

  Nesse cenário altamente volátil e incerto da economia nacional e mundial, é fundamental que as empresas estejam abertas à possibilidade de mudança caso seja detectada qualquer dificuldade.

É importante lembrarmos que muitas empresas já avaliaram e possuem o descritivo completo de potenciais mudanças em seus próprios planejamentos estratégicos. Em outras palavras, caso uma dificuldade persistente apareça no "plano A" e que gere a necessidade de uma mudança de rota, as ações do "plano B" já foram previamente definidas. Isso é importante, pois a hora que estoura uma crise, geralmente não é o melhor momento para usar a criatividade e traçar uma estratégia.

Quando agimos na hora da crise, a chance de não conseguirmos enxergar com racionalidade todo o cenário é muito grande. Quando falamos de cultura de empresa, então, a dificuldade é muito maior. Uma cultura jamais será

CULTURA EMPRESARIAL

alterada drasticamente de um dia para o outro ou em apenas um mês, principalmente se a organização possui mais de algumas dezenas de funcionários.

Uma cultura empresarial leva no mínimo alguns meses ou até mesmo anos para ser alterada. A direção da empresa e as lideranças setoriais são as grandes responsáveis por desencadear as mudanças comportamentais almejadas e isso precisa ser iniciado em doses "homeopáticas" para não gerar tensão excessiva e comprometer a qualidade do trabalho dos colaboradores.

É importante percebermos que em nossas vidas pessoais, quando alguém tenta nos impor algo de maneira rápida e autoritária, geralmente nos sentimos muito pressionados e ofendidos. Apesar de os ambientes de trabalho terem uma característica específica, o mesmo ser humano que possui uma vida lá fora é o colaborador que resolverá os problemas da empresa.

Portanto, respeitar o tempo de introjeção de novos comportamentos e atitudes e auxiliar ao máximo a criação de um contexto favorável à mudança de cultura são ações importantes a serem implementadas pela direção das empresas.

É importante lembrar também que nos processos de mudança de cultura empresarial alguns colaboradores terão maior facilidade de entendimento sobre os processos em curso e outros apresentarão maior resistência.

Existe uma tendência de que colaboradores com maior tempo de casa sejam os mais resistentes às mudanças, pois a cultura atual agiu por mais tempo em seus hábitos. Mas, isso não é uma regra, pois também depende da flexibilidade emocional desenvolvida pelo indivíduo. Nesse sentido, um colaborador com três meses de casa pode ser mais resistente do que outro que está há dez anos.

Geralmente esses momentos de mudança demandam uma reestruturação dos colaboradores, pois apesar da necessidade de sermos compreensivos com os resistentes e avessos à mudança, isso não significa que temos que ser permissivos. Em alguns casos, o desligamento de colaboradores com esse perfil será necessário, pois eles podem atrasar e até mesmo comprometer o processo de mudança.

Porém, também não adiantará desligar os perfis resistentes e contratar outros com a mesma característica. É fundamental que o setor de recursos humanos ou gestão de talentos tenha uma descrição detalhada do novo perfil esperado e que seus métodos de seleção e análise sejam os mais eficazes possíveis.

RESPEITAR O TEMPO DE INTROJEÇÃO DE NOVOS COMPORTAMENTOS E ATITUDES E AUXILIAR AO MÁXIMO A CRIAÇÃO DE UM CONTEXTO FAVORÁVEL À MUDANÇA DE CULTURA SÃO AÇÕES IMPORTANTES A SEREM IMPLEMENTADAS PELA DIREÇÃO DAS EMPRESAS.

@josepaulogit

CULTURA EMPRESARIAL

Precisamos lembrar que, no momento da seleção, o candidato costuma aceitar todas as prerrogativas da sua vaga, mesmo que não concorde com elas. Caso seja selecionado, a tendência é ele começar a transparecer a sua resistência após um tempo, prejudicando os processos de mudança.

Embora seja possível um líder exercer controle sobre a cultura da sua empresa, é preciso ter em mente que a dinâmica do escritório mudará à medida que novos membros forem anexados à equipe. Assim, melhor do que contratar alguém que se encaixe à cultura, é contratar alguém que possa adicionar algo a ela. Aí, sim, temos um ingrediente fundamental para a construção de equipes diferenciadas e altamente eficazes.

2.5 EXERCÍCIO

Que tal fixar e memorizar as características de cada tipo de cultura empresarial? Preencha a tabela a seguir com os conteúdos trabalhados nesse capítulo.

Tipo de cultura	Características	Pontos fortes	Pontos fracos
Cultura _____			
Cultura _____			

TIPOS DE CULTURA EMPRESARIAL

Tipo de cultura	Características	Pontos fortes	Pontos fracos
Cultura _____			
Cultura _____			

Experiência Ideal Trends

LIDERANÇA

O motor de crescimento de uma empresa é a LIDERANÇA! Ela faz as pessoas se movimentarem e se desenvolverem.

A seleção e o acompanhamento do trabalho dos líderes é uma atividade realizada de maneira criteriosa no Grupo. Para isso, possui a Academia de Líderes", na qual os colaboradores que demonstram potencial para a liderança são capacitados para assumir funções estratégicas, as quais contribuirão com a expansão das atividades empresariais.

Essa capacitação é realizada por mim, CEO do Grupo, pois, como nossos princípios indicam, temos uma **cultura por exemplo**, como também pelos maiores líderes hierárquicos, constituindo uma oportunidade extremamente privilegiada de aprendizagem com os mais destacados colaboradores, os quais galgaram posições no Grupo devido à dedicação, às habilidades e aos resultados apresentados. Já no início das aulas, é apresentada a Declaração Sobre a Liderança e a missão do líder para a alta performance no Grupo Ideal Trends.

Declaração Sobre a Liderança

1. Nada acontece sem liderança;
2. Nada muda sem liderança;
3. Nada se desenvolve sem liderança;
4. Nada melhora sem liderança;
5. Nada pode ser corrigido sem liderança;
6. Todo mundo em todo lugar e em todo tempo está sendo dirigido. Não existe nenhum momento na sua vida que você não está sendo liderado por alguém, seja quem você for e onde quer que você esteja.

MISSÃO DO LÍDER PARA ALTA PERFORMANCE

1. Foco na missão. Cada um deve saber (em todos os níveis) como seu trabalho contribui com a missão, dando o seu melhor.
2. Comportamento exemplar. A adoção de um comportamento empático, austero e empreendedor é algo que

fascina os colaboradores. Todos podem crescer no ritmo do seu talento.

3. O propósito é maior que o dinheiro. A visão deve ser clara e reforçada constantemente: "Ajudamos empresas a fazer negócios através da internet". Elas confiam em nós, saem da crise e crescem!

4. Evoluir sempre. A cultura implacável de melhoria contínua gera crescimento e oportunidades.

5. Colaboradores excelentes. Contratação de talentos altamente engajados auxilia na formação e manutenção de um ótimo ambiente de trabalho.

6. Sucesso do cliente. O cliente é o nosso alvo e temos que estar perto dele. E, por isso, fazemos o que dizemos e entregamos o que combinamos!

7. Humildade e paixão. Líderes e equipes apaixonados pelo trabalho e humildes diante dos outros e de suas limitações fazem a nossa cultura evoluir.

8. Alinhamento completo. Consistência no reforço diário ao sistema (visão, cultura, metas, políticas, comportamentos, métricas, feedback constante, recompensas e comunicação fluída).

Peter Drucker (2002) afirma que

> as únicas coisas que evoluem por vontade própria em uma organização são a desordem, o atrito e o mau desempenho. Portanto, liderar é colocar todos os envolvidos na empresa na mesma visão e no mesmo objetivo. Isso gera uma grande responsabilidade e, ao mesmo tempo, um grande desafio para os líderes que é o de "liderar a si mesmo".

Muitas vezes, um líder não é monitorado por ninguém e a sua baixa performance só acaba sendo percebida quando são liberados os resultados financeiros parciais e final do ano administrativo. Isso acontece pois o dono da empresa e os investidores possuem confiança plena em sua atuação.

Reconhecemos que a liderança é exercida de forma bastante pessoal, influenciada por uma série de fatores, como a forma de criação e educação, formação técnica e acadêmica e experiências profissionais anteriores vividas por cada profissional. Assim, percebemos a existência de diferentes tipos de líderes:

- **líder autocrático**

  Mais conhecido simplesmente como chefe, costuma agir de forma muito individualista e centralizar todo o poder de decisão.

- **líder especialista**

  Conquista reconhecimento e oportunidades por meio de seu conhecimento técnico e *know-how* em determinados temas e funções.

- **líder paternalista**

  Possui facilidade para interagir e estreitar os relacionamentos com os membros da equipe, construindo laços emocionais que criam um conforto para os colaboradores.

- **líder exigente**

  Possuidor de um senso crítico apurado, acredita que todas as tarefas devem ser executadas com excelência, mantendo constante monitoramento sobre as atividades dos colaboradores.

- **líder coach**

  Investe no aprimoramento pessoal e organizacional, desenvolvendo competências comportamentais tais como a maturidade, a resiliência, a empatia e a humildade, buscando mobilizar e motivar os colaboradores.

- **líder workaholic**

  Por ser viciado em trabalho, se dedica integralmente aos objetivos a serem alcançados na empresa em que atua e, também, ao planejamento de sua carreira.

TIPOS DE CULTURA EMPRESARIAL

Diferentes tipos de liderança utilizam diferentes estratégias para mobilizar seus comandados. Todas elas deveriam chegar no mesmo resultado, mas alguns tipos de lideranças são mais recomendados, dependendo do contexto.

- **líder democrático**

  Incentiva o envolvimento e a participação de cada membro da equipe, inclusive no processo decisório.

- **líder meritocrático**

  Fundamenta suas decisões na meritocracia, monitorando constantemente a performance de seus liderados por meio de metas e indicadores, promovendo a ascensão ou o desligamento dos colaboradores por meio de critérios claros.

- **líder servidor**

  Se apoia no preceito de que liderar é servir. E, do ponto de vista prático, servir aos liderados significa estar disponível para ouvir, orientar e auxiliar no que for possível.

Com exceção do líder autocrático, todos os demais estilos de liderança possuem algum ponto forte que é interessante para os pressupostos do Grupo. Assim, definimos o líder ideal da seguinte forma:

CULTURA EMPRESARIAL

- **líder Ideal Trends**

    Estilo de liderança situacional, comprometido em bater metas constantemente, fazendo o que é certo juntamente com a sua equipe, mas aberto às outras características dos demais estilos de liderança, desde que contribuam efetivamente com os objetivos institucionais.

O profissionalismo é uma característica primordial para o Grupo, pois somente com essa qualidade é possível tornar os resultados previsíveis e mensuráveis, ao contrário do amadorismo, que torna totalmente imprevisíveis os resultados. Dadas as características empresariais do Grupo, ser excelente e entender profundamente sobre os produtos comercializados são condições fundamentais para a contratação de um profissional que almeja se desenvolver na empresa.

Mesmo os líderes devem possuir um espírito de aprendiz para que possam sempre olhar criticamente e, ao mesmo tempo, com humildade para o seu desempenho. Além disso, o líder deve entender de pessoas, pois a liderança situacional exige estar preparado para agir diante de diferentes perfis e situações específicas.

Mesmo que seja necessário esporadicamente, melhor do que a contratação de líderes no mercado de trabalho é o desenvolvimento de novos líderes dentro do próprio Grupo. Para isso, um líder já estabelecido precisa ser um especialista em prospecção de perfis adequados para a liderança, investindo parte do seu tempo e esforço no desenvolvimento de colaboradores que demonstram aptidão para esse potencial.

Todo líder traz uma bagagem de conhecimento da sua formação humana, educacional, técnica, acadêmica ou científica. Porém, para validar todo esse arcabouço cultural, é necessário que tenha a habilidade necessária para aplicar tudo aquilo que aprendeu por meio de suas vivências. E, por melhor que seja a formação de um profissional, certamente ele irá se deparar com situações inéditas e até mesmo improváveis, devendo tomar decisões e ações que tenham a maior chance possível de serem assertivas.

TIPOS DE CULTURA EMPRESARIAL

Devido ao ousado plano de expansão do Grupo Ideal Trends, seus líderes são constantemente colocados à prova nestes termos, e a cada erro ou acerto eles vão ficando cada vez mais maduros e habilidosos na arte da condução de processos e mobilização de pessoas.

O Grupo trabalha com diferentes níveis de liderança e, para alcançar o último estágio, é altamente recomendável que o postulante ao cargo tenha passado por todos os níveis anteriores, para que possa ter uma visão global sobre o funcionamento da empresa, das diferentes necessidades e desafios presentes em cada estrutura.

Tipo de liderança	Cargo	Características
Profissional	Analista, assistente	Foco nas competências técnico-funcionais: iniciativa, raciocínio, analítico, criatividade, trabalho em equipe – **ser profissional**.
Líder de equipe	Coordenador, supervisor	Pré-requisitos do nível anterior, mais: competências básicas de liderança; planejamento: delegação, orientação e acompanhamento, comunicação com equipe e feedback – **ser líder**.
Líder de líderes	Gerente, superintendente	Pré-requisitos do nível anterior, mais: definição e cobrança de metas desafiadoras, entrega de resultados, comunicação persuasiva e negociação, gerenciamento de conflitos, promoção do desenvolvimento de carreiras. **Formar outros líderes**.
Líder de áreas	Diretor, vice-presidente	Pré-requisitos do nível anterior, mais: influência estratégica, interna e externa; visão estratégica e de mercado; gestão do desempenho; gestão de mudanças; definição e visão de futuro. **Formar outros líderes e assumir novos desafios**.

CULTURA EMPRESARIAL

Tipo de liderança	Cargo	Características
Líder de negócios	Conselho, CEO	Pré-requisitos do nível anterior, mais: governança corporativa/relação com acionistas, capacidade de definir e sustentar uma causa, capacidade de definir e executar estratégias, entrega sistemática e agressiva de resultados.

No Grupo, é adotada uma sigla para designar as competências necessárias para um líder: o **CHA da liderança**.

- Conhecimentos:
  - visão da empresa;
  - princípios de gestão da empresa;
  - funcionalidades da área em que atua;
  - funcionamento das outras áreas relacionadas a sua;
  - metas (semanais/mensais/anual);
  - gestão de pessoas (pessoas, conflitos, engajamento, *feedbacks*);
  - contratação;
  - treinamento;
  - busca de conhecimento aplicado – ser ávido por buscar conhecimentos.
- Habilidades:
  - raciocínio lógico (bom senso e simplicidade);
  - inteligências (criatividade, interpessoal – lidar com pessoas, intrapessoal – lidar consigo mesmo);
  - comunicação;
  - percepção (captar sinais e ruídos);
  - discernimento (discernir entre coisas e pessoas);
  - processo (estabelecer e melhorar);

- planejamento;
- saber delegar;
- poder de foco;
- ser agente de mudança.
- Atitudes:
    - aplicar os princípios de gestão em tudo que faz;
    - franco (doce com pessoas, mas duro com resultados);
    - humilde;
    - solícito;
    - saber ouvir;
    - ser posicionado (saber o que quer);
    - energético (indignado com a falta de qualidade);
    - motivado;
    - inspirador (vender sonhos);
    - proativo (ter iniciativa);
    - buscar superação constante;
    - ensinável;
    - transparente;
    - buscar sinergia com os colegas e superiores.

"Cerca de 70% das falhas estratégicas resultam de execução ineficaz da liderança; raramente são por falta de conhecimento ou visão." (Ram Charan). Detalhadamente, ocorrem por:

- falta de acompanhamento por parte do líder;
- falta de comunicação e clareza nas apresentações;
- falta de visão dos indicadores;
- liderança sobrecarregada,
- dificuldade com a gestão do tempo.

PAPEL DO LÍDER IDEAL TRENDS

"LIDERAR É BATER METAS ATRAVÉS DA SUA EQUIPE FAZENDO O CERTO"

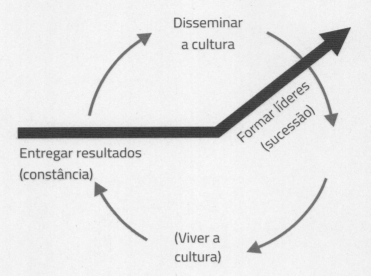

Podemos conceituar a palavra "delegar" como a realização de uma transmissão ou concessão de um poder. Em outras palavras, a ação de delegar consiste em dar a outra pessoa determinada responsabilidade. Isso significa que há dois sujeitos que interagem nessa ação: um delegado que age como representante de alguém e outra pessoa que decide ceder sua obrigação ou responsabilidade.

É impossível uma empresa se desenvolver sem que seus líderes, em todos os graus hierárquicos, não deleguem funções. Além disso, um colaborador que não recebe atribuições das instâncias superiores não é instigado a se desenvolver profissionalmente e acaba se tornando arredio a qualquer desafio que fuja minimamente das atividades que realiza de maneira compulsória.

Obviamente, não é qualquer tarefa que pode ser delegada para qualquer colaborador. Existem responsabilidades que não podem ser repassadas e existem colaboradores que teriam uma chance mínima de responder corretamente caso recebessem tal incumbência.

O ideal é que, uma vez identificado o colaborador que possui as condições para assumir esta prerrogativa, tarefas que não exijam tanta reponsabilidade, mas que sejam enriquecedoras do ponto de vista da evolução profissional, possam ser realizadas.

Para que isso possa acontecer, o líder precisa abandonar certos paradigmas, tais como:

- "só eu sei fazer isso."
- "acho muito difícil essa tarefa, melhor eu mesmo fazer."
- "acho que Fulano não está preparado para essa tarefa, em outra oportunidade eu o ensino com mais calma."

O ato de delegar é um dos mais importantes e sublimes dentro do Grupo Ideal Trends, pois expressa a confiança no poder de superação do ser humano, ao mesmo tempo que reforça uma cultura de desenvolvimento de novos líderes.

Quando uma empresa possui uma cultura institucional na qual os líderes não costumam delegar, é possível perceber as seguintes consequências:

- não há desenvolvimento da equipe;
- não são geradas oportunidades;

CULTURA EMPRESARIAL

- não há formação de novos líderes;
- não há sinergia com a equipe;
- o líder não é visto como exemplar;
- o líder sempre está atarefado;
- há alta rotatividade na equipe;
- não se bate metas.

Passos para a delegação eficaz:

1. **conhecer bem a equipe**

    Antes de delegar, é preciso conhecer bem as competências e as habilidades de cada membro da equipe, para assegurar que o trabalho será desenvolvido da melhor forma. Mapear o nível de maturidade de cada integrante da equipe é essencial para que a distribuição e a realização das tarefas sejam satisfatórias.

2. **definir bem a tarefa a ser realizada**
    - Prepare-se com antecedência para explicar da forma mais didática possível o que deve ser feito;
    - Tenha uma comunicação clara;
    - Seja específico;
    - Peça que o liderado repita a tarefa a fim de assegurar que o esperado tenha sido compreendido em sua totalidade;
    - Sempre perguntar se após a delegação eles estão enxergando o desafio como um voto de confiança e não como uma tarefa ingrata;
    - Quanto mais detalhada for a preparação para o trabalho, mais rápido ele será realizado e mais satisfeito você ficará quando estiver pronto.

3. **definir um prazo**
    - Estabeleça claramente o prazo de execução da tarefa;
    - Defina o grau de autonomia;

- Deixe claro quais são os recursos e os limites para essa pessoa.

4. **definir um entre os três graus de autonomia**
   - Recomendar: permite pesquisar planos de ação e propor a melhor alternativa;
   - Informar: permite pesquisar, escolher o melhor caminho e reportar o porquê da escolha;
   - Agir: confere autonomia plena para a realização da tarefa. Atribuir este grau de autonomia quando confiar nas aptidões do liderado.

5. **fazer reuniões de acompanhamento**
   - Marcar reuniões de verificação para saber o que está acontecendo e oferecer orientação, se necessário;
   - Realizar, no início do projeto ou atividade, reuniões frequentes e depois aumentar os intervalos;
   - O aplicativo WhatsApp é uma ferramenta poderosa para acompanhamento das equipes.

6. **recapitulação completa**

   Faça com o colaborador uma recapitulação completa do trabalho, concentrando-se em três pontos:
   - o que foi bem-sucedido;
   - o que poderia ser melhorado;
   - o que nós aprendemos (PDCA).

Este roteiro auxilia o colaborador a delinear as áreas com o desempenho abaixo do esperado, deixando claras as expectativas do líder e as sugestões de melhoria. Em geral, essa comunicação faz que os colaboradores se sintam mais apoiados e confiantes.

3 IMPLEMENTAÇÃO

Algumas mudanças culturais ocorrem de maneira rápida, porém discreta e imperceptível na sociedade. Um exemplo disso é a moda: a todo momento, novos modelos de roupas e acessórios são lançados, mas, muitas vezes, leva um certo tempo para que muitas pessoas comecem a usá-los. Esse processo pode ser acelerado e, por isso, é comum que atores e atrizes passem a utilizar essas novas peças em novelas e outros programas de TV, obviamente com a finalidade de influenciar a audiência.

Com a disseminação do uso das redes sociais, muitas pessoas saíram do anonimato e se tornaram bastante populares por meio dos seus perfis e canais, passando a atuar como influenciadores não só de moda como outros produtos e, também, costumes.

Um ponto a ser destacado no exemplo da moda é que se você utilizar um modelo de roupa hoje, mas que teve seu lançamento no ano passado, provavelmente ninguém irá reparar na sua "desatualização". Porém, se você usar uma roupa pertencente à sua avó ou avô que eles usaram quando tinham vinte anos de idade, é certo que as pessoas irão olhar para você com um certo espanto, a não ser que você esteja em um uma festa à fantasia ou temática.

Isso acontece porque a moda de hoje é muito distinta da moda de algumas décadas atrás, e isso se torna muito visível aos nossos olhos. É um processo parecido quando olhamos para automóveis construídos em diferentes décadas: quase que instintivamente sabemos reconhecer quais são os mais antigos e os mais novos.

CULTURA EMPRESARIAL

Porém, outras mudanças culturais ocorrem de maneira mais rápida, principalmente aquelas ocasionadas por mudanças de leis ou por alteração em alguma tecnologia. No início da década de 1990, o *long play*, conhecido no Brasil como disco de vinil, era uma das principais e mais populares mídias para reprodução musical, ao lado das fitas cassete. Em quase todos os lares brasileiros existia aparelho para a reprodução dessas mídias.

Existiam também várias lojas especializadas em vinil, mas era possível encontrá-los até mesmo nos grandes mercados e nas lojas de conveniência. Porém, em apenas alguns anos, o *"Compact Disc"*, ou CD, por meio de sua tecnologia digital, dominou totalmente o mercado de mídias musicais no Brasil e, por volta de 1997, já não era mais possível encontrar discos de vinil novos nas lojas. Percebemos nesse caso uma mudança cultural relativamente rápida na forma como consumíamos a música, devido a uma pressão tecnológica e do mercado.

A evolução da forma de se consumir música durante as décadas de 1980 e 1990. Mais recentemente, o disco de vinil voltou e ter grande busca e sua produção foi reativada.

Em 1997, ocorreu no Brasil uma mudança cultural ainda mais rápida, motivada por uma alteração no Código de Trânsito, que passou a obrigar motoristas e passageiros a utilizarem cintos de segurança durante os deslocamentos urbanos em automóveis. Já existia a obrigatoriedade do uso dos cintos nas rodovias, mas era algo quase totalmente negligenciado pela população, que costumava colocá-los apenas para as inspeções policiais – depois que se passava por elas, quase todos desprendiam os cintos.

Qualquer pessoa que prestou minimamente atenção nas aulas de física compreende a importância do uso desse equipamento de segurança, que protege a vida de milhares de pessoas todos os anos. Mesmo assim, a forma que fez os brasileiros utilizarem o cinto de segurança em larga escala não foi a conscientização, e sim a punição. Na época foi estabelecida uma operação implacável de fiscalização, na qual milhares de policiais e agentes de trânsito povoaram as vias públicas multando os infratores.

A contrariedade em perder dinheiro com multas fez que a maior parte das pessoas adotasse o uso sistemático do cinto, o qual se tornou um hábito. Hoje em dia, apesar de sempre ter um ou outro infrator, o nível de uso do equipamento é satisfatório no conjunto da população. Mesmo assim, dispositivos de luz e sonoros alertam insistentemente os motoristas caso iniciem o movimento do automóvel sem colocar o cinto – muitas vezes é importante reforçar de alguma forma um traço da cultura.

Podemos também citar algumas mudanças culturais lentas na sociedade brasileira, como a inserção da mulher de forma igualitária aos homens em cargos eletivos públicos e de liderança em instituições privadas, algo já mencionado no capítulo anterior. Há muito tempo as mulheres já igualaram os homens na formação técnica e acadêmica para o trabalho, portanto, a única desculpa existente para esse fenômeno é a atuação de uma cultura patriarcal, ainda bastante arraigada em nossa sociedade.

Todos esses exemplos abordados sobre diferentes formas e temporalidades para a aplicação de mudanças culturais são de grande utilidade para a reflexão sobre a gestão da cultura no interior das empresas. A compreensão de que certas mudanças são mais rápidas e outras mais lentas, umas mais simples e outras extremamente complexas, deve estar presente em todo o momento que se pretende realizar alterações nos rumos institucionais.

A partir de agora, vamos abordar as diferentes formas de se dinamizar as mudanças culturais, colocando luz sobre a complexidade dos processos, oferecendo ideias, promovendo reflexões, disponibilizando ferramentas de análise e narrando exemplos já vivenciados em grandes organizações. Com isso, esperamos que você se torne apto a promover, mediar e monitorar as mudanças necessárias em sua instituição.

CULTURA EMPRESARIAL

3.1 CRIE SEU PLANO

Desde o primeiro capítulo, optamos por buscar elementos do passado de nossa civilização para compreender as bases cerebrais que nos ajudam a perceber quem somos, o que pensamos e o que fazemos no mundo contemporâneo.

Em nosso passado, durante encontro entre grupos diferentes, ocorriam batalhas e sequestro de mulheres do grupo derrotado, as quais passavam a viver entre os membros do grupo vencedor. Quando isso acontecia, elas acabavam assimilando a cultura local e, também, ensinavam os hábitos e crenças do antigo grupo.

Muito provavelmente essas trocas culturais também ocorriam de forma pacífica, ou seja, não necessariamente o encontro entre grupos diferentes ocasionava conflitos.

Concluímos que a cultura é uma construção humana e seus elementos são compartilhados entre indivíduos do mesmo grupo e fora deles. Assim como não existe nenhuma cultura humana territorialmente isolada, uma empresa não conseguirá barrar a entrada de elementos culturais externos. A história da humanidade é também a história das trocas culturais.

Porém, diferentemente dessas formas espontâneas de se produzir culturas aqui descritas, com o desenvolvimento intelectual e tecnológico da nossa civilização a cultura passou a ser produzida de forma proposital e planejada. Se um dia um indivíduo inventou a roda ao acaso, mais tarde outros indivíduos inventaram o pneu de borracha para poder comercializá-lo, obter lucro e contribuir com o avanço da humanidade.

A cultura corporativa não pode jamais ser encarada como algo que deve ser construído de forma espontânea, com a contribuição aleatória de elementos culturais dos seus proprietários e funcionários. Isso tornaria a empresa caótica sob todos os pontos de vista.

As empresas que começaram pequenas e se tornaram grandes geralmente trouxeram fortes elementos culturais dos seus fundadores, conservando assim a essência do passado que lhes trouxe até o presente. Em outros casos, novos elementos culturais foram acrescentados, modificados ou abandonados. Mas, geralmente, essas modificações foram feitas a partir de uma intencionalidade dos gestores.

AS EMPRESAS QUE COMEÇARAM PEQUENAS E SE TORNARAM GRANDES GERALMENTE TROUXERAM FORTES ELEMENTOS CULTURAIS DOS SEUS FUNDADORES, CONSERVANDO ASSIM A ESSÊNCIA DO PASSADO QUE LHES TROUXE ATÉ O PRESENTE.

@josepaulogit

CULTURA EMPRESARIAL

Apesar da intencionalidade já ser meio caminho andado para a construção da cultura organizacional almejada, tornou-se fundamental a construção de um plano envolvendo todos os detalhes possíveis dessa empreitada. A partir de um plano escrito e estruturado, é possível avaliarmos o *staus quo* da cultura da empresa, ou seja, como ela se processa na atualidade, o que ela produz para o negócio e quais seus pontos fortes e fracos em relação à sua contribuição com os objetivos institucionais.

Além disso, o plano permite ajustar o rumo que se deseja encaminhar à empresa aos elementos da cultura que devem ser trabalhados. Para isso, é possível focar cada um destes elementos, como também definir os diferentes públicos que serão mobilizados, a forma e a intensidade das ações.

Assim como nossos ancestrais registraram sua cultura nas rochas, precisamos descrever a cultura das empresas em planos e manuais corporativos.

Se a empresa ainda não definiu sua missão, visão e valores ou, se os possui, mas considera a necessidade de modificá-los ou atualizá-los, esse é um ótimo momento. Tal movimento é importante pois essas definições são balizadoras para a escolha de elementos culturais a serem dinamizados na empresa.

Para Peter Block (2004), no momento que se conclui a necessidade da mudança cultural para garantir a perenidade da empresa, deve ser estabelecida uma discussão que fundamentará o plano escrito, baseada em quatro partes:

- a pergunta certa;
- qualidades humanas;
- as exigências de um novo tempo;
- arquitetura social para a mudança.

3.1.1 A PERGUNTA CERTA

Numa sociedade ávida por respostas, parece que perdemos a capacidade de fazer as perguntas certas, ao menos do ponto de vista filosófico. Fazer perguntas erradas é como "um homem sem visão entrar em um quarto escuro e procurar um gato que não está lá". A crise vivida no ensino fundamental e médio no Brasil nas últimas décadas motivou muitos educadores a pensar novas formas mais eficazes e motivadoras de proporcionar aprendizagem aos alunos.

E uma das mudanças planejadas para o ensino no Brasil e que já se faz presente em países mais avançados em educação é justamente encaminhar a aprendizagem por meio de perguntas-chave, como por exemplo: "quais saberes os alunos precisam construir para poder exercer a cidadania?" A partir disso, são selecionadas as disciplinas, os temas e as formas como os conteúdos serão trabalhados para que os alunos possam alcançar essa competência.

Essa forma de pensar a educação também é muito promissora para qualquer empresa, pois elas também são locais de aprendizagem. Nos ambientes de trabalho nos deparamos com vários desafios, e precisamos somar experiências, conhecimentos e criatividades para solucionar problemas da forma mais rápida, eficaz e econômica.

Os processos de mudança na cultura da empresa são mais bem compreendidos pelos funcionários a partir de ações educativas que ocorrem em um ambiente acolhedor e que fomenta a troca de experiências. De forma oposta, em ambientes onde a aprendizagem ocorre por meio de pressão psicológica e punições, os resultados tendem a ser inferiores e insatisfatórios.

Portanto, além da óbvia necessidade de manter ou elevar lucros, a mudança de cultura de uma empresa precisa de uma sustentação mais sólida para que possa ser efetivada. Para tanto, é necessário questionar questões fundamentais, tais como:

- quais valores nos trouxeram até aqui, quais deles não nos servem mais e quais são os que precisamos adotar?
- queremos ser apenas mais uma empresa a competir em nosso ramo ou queremos nos tornar uma referência de marca?
- se além de lucros visamos a notoriedade, em que sentido queremos nos tornar uma referência? Com os melhores produtos? Com o produto mais sustentável do ponto de vista ambiental? Com o produto que entrega o melhor custo-benefício?
- quais os riscos e o preço que estamos dispostos a pagar nessa nova jornada?
- quais comportamentos precisam ser alterados para alcançarmos esses novos valores?
- quais os compromissos que a empresa e seus colaboradores precisam assumir para tornar esse processo viável?
- quanto tempo vai levar todo esse processo?
- outras empresas já fizeram isso antes? Em quais delas podemos nos basear?

Essas são apenas algumas perguntas possíveis, as quais podem ser feitas pela maioria das empresas. Porém, dependendo de sua natureza específica, outras perguntas deverão ser feitas, levando em consideração o seu tipo, o seu porte, o seu mercado e o perfil dos profissionais.

3.1.2 QUALIDADES HUMANAS

Se na parte anterior estávamos preocupados com as perguntas certas, agora estamos preocupados com os aspectos da condição humana que apoiam a busca pelo que realmente importa. Block (2004) considera o idealismo, a intimidade e a profundidade como três pré-requisitos fundamentais para agirmos de acordo com os nossos valores, intenções e desejos. Quando essas qualidades nos faltam, tendemos a agir como se fôssemos apenas o efeito da cultura e não a sua causa.

Em nosso processo de crescimento, principalmente durante a adolescência, nos tornamos muito idealistas e esse é um dos combustíveis fundamentais para o alcance da nossa liberdade, afinal, precisamos um dia ter autonomia e conseguir viver sem a proteção dos nossos pais.

Nesse sentido, o **idealismo** é um estado de inocência capaz de agregar nossos propósitos mais íntimos. Porém, com o passar do tempo, vamos nos moldando a certas imposições da sociedade materialista e pragmática e corremos o risco de perder a nossa essência.

Na verdade, o idealismo muitas vezes é visto como uma fraqueza e um sinal de imaturidade, justamente por ter origem na nossa fase infantil e juvenil. Mas, quando perdemos essa força motriz, geralmente passamos a ter distúrbios psicológicos e uma dificuldade de encontrar satisfação em nossas atividades.

O segundo aspecto, a **intimidade**, está relacionado a um mergulho no mundo dos nossos sentimentos e a uma conexão com os nossos sentidos que estão sendo tão abalados pelo estilo de vida atual, ancorado na experiência eletrônica ou virtual. Não à toa, muitas pessoas com acesso a um acervo cultural mais abrangente conseguem perceber a massificação da sociedade e todos os danos que isso causa à civilização.

Ao mesmo tempo que temos um grande acesso a todo o acervo artístico e cultural humano por meio da internet, a maior parte da população irá consumir os mesmos artistas, as mesmas músicas, os mesmos filmes etc. Nossos corpos deixaram de ser o templo do nosso "eu" e passaram a ser vistos como *commodities*, pelos quais seremos ou não aceitos pela sociedade.

Percebemos nesses argumentos que vivemos um tempo de desconexão do ser humano com a realidade, que passa a ser influenciada pela tecnologia que ele próprio criou. Dessa forma, todas as nossas organizações sociais acabam sofrendo com os impactos dessa desconexão, incluindo as famílias e as empresas.

Assim sendo, precisamos puxar o freio de mão, analisar nosso papel no mundo e redirecionar nossas instituições para retomarmos nosso protagonismo humano, que atualmente está a cargo das suas máquinas. Precisamos também valorizar as ocupações intelectuais, que passaram a ser menosprezadas nessa sociedade caracterizada pela superficialidade.

Resgatar o ser humano da ignorância e da carência alimentar e salvar os ambientes completamente alterados do nosso planeta devido à nossa própria cobiça são questões que somente serão combatidas a partir da nossa intimidade, que é o encontro com nossa própria essência. Certamente as empresas têm um papel preponderante nesse processo, desde que suas culturas considerem a gravidade desses fatos.

3.1.3 AS EXIGÊNCIAS DE UM NOVO TEMPO

A cultura geral não foi organizada para apoiar os desejos idealistas, íntimos e mais profundos, e sim para reforçar um comportamento instrumental. Com o passar do tempo, as empresas acabam aceitando e se adaptando a essa realidade, diminuindo seus potenciais para a construção do novo. Porém, qualquer local de trabalho pode se tornar um grande laboratório para afirmar o idealismo e a profundidade das nossas capacidades.

As empresas podem e devem educar seus colaboradores para não serem apenas bons executores de tarefas, mas também para poderem exercer uma cidadania que contribuirá fora dos seus limites, com a comunidade que os cerca. As organizações podem se tornar grandes centros de excelência em humanização para que nossas vidas possam ser a materialização do que acreditamos.

O mais interessante dessa perspectiva é que onde existem pessoas em processo de aprendizagem e amadurecimento humano também existirá uma instituição que aprende e evolui a cada dia, estando cada vez mais preparada para os desafios que seguirão. Toda empresa pode ser uma grande escola.

3.1.4 A ARQUITETURA SOCIAL PARA A MUDANÇA

Uma sociedade é feita por diferentes indivíduos, cada qual com suas características pessoais, personalidades, saberes, emoções etc. Mas algumas funções são primordiais para a sobrevivência e a evolução das sociedades, pois conferem um sentido para a sua organização elementar.

Para aprofundarmos melhor essa ideia, nos valemos das pesquisas do psicólogo Carl Jung (2018), o qual nos trouxe valiosas contribuições para a compreensão da personalidade e dos comportamentos humanos. Para ele, nossa maneira de viver é afetada tanto pelas imagens comuns reproduzidas pela cultura quanto pela personalidade de cada indivíduo e pelo histórico pessoal e familiar.

Para Jung, o ponto central que determina o comportamento humano é a presença do que ele chamou de arquétipos. Nas empresas, podemos identificar dois arquétipos bastante presentes: o do engenheiro e do economista.

Arquétipo: maneira herdada de pensar, uma imagem ancestral que influencia todos os membros de uma cultura.

É importante que fique claro nessa análise que não estamos falando propriamente das profissões de engenheiro e economista, e sim de suas representações arquetípicas. Dessa forma, o engenheiro na empresa pode ter formação no curso de Direito e o economista ter formação no curso de Biologia, em situações hipotéticas.

O ENGENHEIRO

O engenheiro é a expressão da vida pragmática. A missão da engenharia é controlar, prever, automatizar e medir as coisas. O engenheiro moderno nasceu sob o advento da era industrial. Eles existem para resolver problemas e, por isso, se dedicam profundamente à metodologia e às métricas. Para isso, usam profundamente a lógica e são apaixonados pelas ferramentas.

Enquanto para as outras pessoas um problema é algo incômodo, para o engenheiro o problema é seu prazer e diversão. A base da sua estratégia de mudança é a crença implacável na objetividade, contornando tudo o que tem origem na subjetividade e na emoção.

Seu interesse está na forma como as coisas serão construídas e como se sustentarão com o passar do tempo. Eles não suportam os riscos e, para isso, desenvolvem cálculos e estruturas que os evitem a todo o custo. Necessitam buscar a todo o momento o controle e a previsibilidade de suas ações.

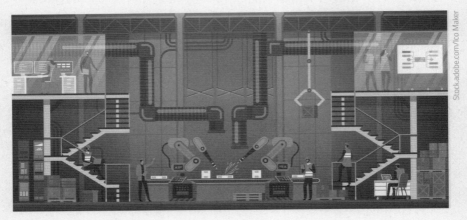

O arquétipo do engenheiro.

Todo arquétipo tem seus potenciais, como também suas limitações. A visão de mundo do engenheiro costuma desconsiderar tudo aquilo que não possa ser medido e, por isso, deve ser deixado de lado, como as emoções, os sentimentos, a intuição, a arte, a filosofia etc. Nem tudo o que nos rodeia pode ser interpretado a partir da lógica, dos números e das fórmulas da Física e da Matemática. O engenheiro não cria o materialismo, mas o reforça por meio da valorização de tudo o que é prático e útil, mas apenas em sua visão.

O ECONOMISTA

O grande aliado do engenheiro é o economista no que diz respeito a toda instrumentalização no interior das empresas. Enquanto o engenheiro projeta e instala a mudança, o economista faz o inventário de custos e busca tornar o processo menos oneroso possível. Se o economista começa a querer economizar demais, o engenheiro lhe diz se isso irá comprometer ou não o projeto.

Economistas possuem o foco em sempre "fazer mais com menos" e gerar lucro para os proprietários e acionistas do empreendimento. Quanto custa? O que ganharemos com isso? Quanto tempo vai levar? Essas são as perguntas fundamentais para eles.

IMPLEMENTAÇÃO

O arquétipo do economista.

O economista acredita que o dinheiro, as recompensas ou outros incentivos são os motivos que nos levam a fazer o nosso trabalho. Assim, o nível de envolvimento dos colaboradores nas tarefas cotidianas é fruto de uma negociação entre as partes. Ele também acredita que a competição interna é essencial para o sucesso do negócio e os que alcançam o topo merecem receber parte dos lucros da empresa.

O ponto fraco do arquétipo do economista não é necessariamente a sua visão, que é importante para a sustentabilidade do negócio. O problema é que essa visão tende a ser estreita, o que pode colocar em risco as questões subjetivas que são tão fundamentais para o sucesso empresarial, como o compromisso, o cuidado e a paixão que devem mobilizar indivíduos e grupos.

O ARQUÉTIPO DO ARTISTA

O artista é nitidamente um contraponto ao engenheiro e ao economista, pois se concentra nos assuntos relacionados às emoções. Não estamos falando necessariamente de artistas no uso convencional do termo – músicos, atores, escritores, dançarinos –, estamos também abrangendo aquelas profissões que procuram desvendar o comportamento e a aprendizagem humana, como os cientistas sociais, filósofos, antropólogos, psicólogos, assistentes sociais, pedagogos, entre outros.

Como estamos falando do arquétipo do artista, mais importante do que a profissão é o seu perfil. Nesse sentido, alguém formando no curso de

CULTURA EMPRESARIAL

Engenharia Civil pode ser um artista, desde que tenha sensibilidade ou seja capacitado para tal, mesmo que informalmente.

A preocupação do artista definitivamente não está relacionada com nada que é utilitário ou prático. O sentido de sua atuação está necessariamente nas coisas que não são mensuráveis ou previsíveis. Se o engenheiro entra em pânico em meio ao caos, o artista entre em pânico em meio à ordem.

Nosso sistema econômico criou "homens-máquina", os quais foram parametrizados e transformados em números dentro dos índices de produção. Antes ignorado nas empresas, o arquétipo do artista surgiu para resgatar esse ser humano aprisionado, buscando conciliar os seus propósitos mais sublimes aos objetivos institucionais.

Obviamente, esse processo ainda não é muito visível nas empresas dos países de economias periféricas, pois ainda são bastante reativas à participação desse perfil, mas já existe um bom caminho andado nas economias mais modernas.

A essência do artista é dar profundidade e criar uma interpretação sensível da nossa vida cotidiana, a qual abarca o nosso ambiente de trabalho. Dando voz às emoções, sentimentos, percepções e conflitos internos próprios da condição humana, ele busca atribuir um significado à existência humana.

O artista é a figura que "nada de braçada" na surpresa e no improviso. Se um ator está contracenando com outro e um deles esquece a fala do diálogo, não raro o improviso sai melhor do que o texto planejado e, a plateia além de não perceber, ainda os aplaude efusivamente. Isso é possível pois o artista vive da criatividade, característica essa tão necessária no mundo empresarial altamente competitivo.

Num local de trabalho, onde todos estão preocupados com o alcance das suas metas, o artista é aquele que está olhando para cada funcionário, interagindo e criando situações de relaxamento quando o estresse toma conta e joga o nível de produtividade lá embaixo. Assim como no esporte, não adianta você ter os melhores atletas se a todo o momento eles são expulsos dos jogos e se machucam.

Artistas costumam olhar o economista com certa desconfiança, pois são afeitos à saúde e ao bem-estar humanos e críticos do "lucro a qualquer preço". Mas, ao trabalhar para uma empresa, o artista vai encontrar um meio para ajustar estas necessidades muitas vezes conflitantes, além de considerar a necessidade existencial do público-alvo da empresa.

Embora sempre existam os protagonistas e os coadjuvantes, os artistas não se encaixam em hierarquias rígidas, pois para uma cena sair perfeita, ambos têm que interagir com o mesmo nível de técnica dramática e profundidade. Dessa forma, o artista se choca com o engenheiro, pois precisa de liberdade, intimidade e engajamento para atuar.

O arquétipo do artista

O ponto fraco do arquétipo do artista são justamente os conflitos que terá com engenheiros e economistas, os quais historicamente são os perfis que dirigem as organizações. Movidos pela paixão e pelos valores da intimidade e profundidade, nem sempre conseguirão se comunicar com os perfis mais materialistas. Porém, os artistas são profundos conhecedores da condição humana e, por consequência, dos consumidores. Talvez eles precisem apenas de uma chance.

O ARQUÉTIPO DO ARQUITETO

O arquiteto preocupa-se tanto com a beleza e a forma das coisas quanto com as propriedades práticas do seu funcionamento. Mas o arquiteto não pode se dar ao luxo de se preocupar detalhadamente com as questões práticas como o engenheiro, nem com as questões subjetivas como o artista. Sua preocupação vive exatamente no centro dessa tensão, buscando harmonizar a estética e a utilidade.

Arquitetos são muito preocupados com o espaço, pois dependendo de sua organização eles nos transmitem uma sensação opressora, produtora de conflitos internos. Os elementos do espaço precisam estar bem resolvidos para criar uma segurança interior em quem nele habita ou atua. E, quando falamos em espaço, estamos considerando o espaço de trabalho.

Dessa forma, antes de pensar em como será um prédio depois de construído, o arquiteto se preocupa com quem vai viver nele e o que vai fazer lá dentro.

CULTURA EMPRESARIAL

Block (2004) aprofunda a análise e propõe a denominação "arquiteto social", cuja missão é dar vida às organizações, criando projetos que atendam as demandas do negócio e do mercado como também as demandas das pessoas que nelas trabalham. Se um arquiteto convencional projeta espaços físicos, o arquiteto social projeta o espaço da convivência cultural, buscando mediar os conflitos existentes entre investidores, trabalhadores, consumidores etc.

É do arquiteto social a tarefa de dinamizar as mudanças culturais necessárias, retomando as perguntas iniciais:

1. o idealismo é encorajado em nossa empresa?
2. a intimidade é possível?
3. há espaço e demanda para a construção da profundidade?

O arquétipo do arquiteto social.

Quando falamos destes quatro perfis, é provável que poucas pessoas se encaixem totalmente em apenas um deles. É possível que você se considere 70% engenheiro, 20% artista e 10% economista.

Vamos ao exemplo hipotético de um funcionário chamado Luiz que trabalha em uma fábrica de automóveis. Luiz tem 34 anos, possui graduação em Engenharia da Produção e especialização em Logística. Ele trabalha na área de controle de qualidade, sendo responsável pela equipe que realiza todas as inspeções. Luiz tem como hobby tocar violão.

Ele também faz um trabalho voluntário duas vezes por semana ensinando violão para crianças de comunidades carentes e promove eventos beneficentes para arrecadar fundos para os jovens estudarem música. Todo final de ano ele organiza um concerto musical desses jovens. Para isso, ele promove rifas, negocia patrocínios para o evento, e entra em contato com jornais e emissoras de televisão locais para divulgar e cobrir o evento.

Ano passado Luiz recebeu um prêmio da câmara de vereadores do seu município, sendo reconhecido por seu trabalho social que tem auxiliado dezenas de jovens carentes.

Luiz analisou as suas características pessoais, levando em consideração sua formação acadêmica, o trabalho que realiza na fábrica de automóveis e, também suas atividades de lazer e voluntárias e chegou à seguinte conclusão:

Vamos agora à sua própria análise! Pense em sua formação técnica e acadêmica, no trabalho que desenvolve ou já desenvolveu, nos seus hobbys, nas suas atividades voluntárias, caso as faça. Pense também nas atividades que lhe trazem maior prazer e satisfação e preencha o gráfico a seguir, tendo o cuidado de que o somatório de todos os perfis totalize exatamente 100%.

3.2 CONSIDERE O FEEDBACK

Quando uma cultura corporativa está sendo criada a partir do zero ou se está tentando reinventar uma já existente, sempre é prudente ouvir os funcionários. Se a equipe não estiver feliz no trabalho, certamente a produtividade da empresa será prejudicada.

Entretanto, esta tarefa aparentemente simples é, na verdade, uma das mais complexas atividades humanas. Para comprovar essa tese é só analisarmos a nossa história e olharmos ao nosso redor: por quantas guerras sangrentas já passamos, quantas inimizades conquistamos em nossas vidas, quantos relacionamentos acabam por conflitos não resolvidos... a paz e a fraternidade são conquistas apenas parciais da humanidade.

A tarefa de ouvir o outro exige muita maturidade do interlocutor, pois há uma tendência de, mentalmente, já começarmos a desenvolver julgamentos prévios antes mesmo do término da exposição dos argumentos alheios. Com isso, a maior parte da fala do outro é perdida, pois nosso foco geralmente está em rebater tudo o que ouvimos.

O fato é que os funcionários podem fornecer informações, visões, percepções, sentimentos, ideias, críticas e interpretações bastante fundamentadas, pois são eles que costumam estar na linha de frente do trabalho. Isso não quer dizer que todas essas contribuições dos funcionários são sempre válidas, pois é possível que estejam viciadas em alguma visão limitada do processo.

Por isso, é interessante organizar a escuta de todos os colaboradores, pois além do componente subjetivo das opiniões pessoais, passamos a considerar a estatística de várias respostas reunidas, o que nos aproxima de uma captação da realidade mais fidedigna.

Em outras palavras, pode ser que a opinião de apenas uma pessoa possa estar contaminada por uma visão estreita dos fatos, por má-fé ou por uma carga emocional elevada, mas as opiniões de várias pessoas podem criar um cenário mais comprometido com a realidade.

Um dos segredos dos líderes de alto desempenho é a capacidade de abordar de forma diferente cada um dos seus comandados. Isso não significa que o tratamento não deva ser igualitário, aliás, deve sempre ser. Mas, mesmo diante de uma postura de tratamento homogêneo, podemos refinar ainda mais a interlocução por meio de uma abordagem que respeite as características peculiares de cada pessoa.

Para quem é pai ou mãe de mais de um filho, talvez já tenha percebido essa dinâmica, pois mesmo recebendo a mesma atenção e cuidados, eles desenvolvem características pessoais diferentes. Se a abordagem com os filhos é sempre a mesma, pode ser que um deles se sinta menos compreendido do que o outro, o que pode gerar algum tipo de sequela em seu comportamento.

Sempre é importante adequarmos a linguagem, o tom da fala, os olhares e as nossas expressões faciais para cada pessoa ou situação. Uma dica valiosa é manter um tratamento igualitário nas reuniões em grupo e uma intervenção mais personalizada nas reuniões individuais ou em momentos mais descontraídos, como as conversas durante o cafezinho.

Muitos podem considerar que um tratamento mais personalizado é algo que não deveria estar presente nas empresas, por serem locais de trabalho e, dessa forma, possuírem foco no profissionalismo. Mas, as teorias da psicologia estão aí há algum tempo, nos mostrando que dentro de cada um de nós há uma criança que grita por atenção, reconhecimento, acolhimento e valorização.

Em nosso nível consciente, conseguimos com certa facilidade compreender que vivemos em um mundo adulto e moldamos nosso comportamento para interagir assertivamente com o outro. Entretanto, várias pesquisas na área de neurociência indicam que, na maior parte

QUANDO UMA CULTURA CORPORATIVA ESTÁ SENDO CRIADA A PARTIR DO ZERO OU SE ESTÁ TENTANDO REINVENTAR UMA JÁ EXISTENTE, SEMPRE É PRUDENTE OUVIR OS FUNCIONÁRIOS. SE A EQUIPE NÃO ESTIVER FELIZ NO TRABALHO, CERTAMENTE A PRODUTIVIDADE DA EMPRESA SERÁ PREJUDICADA.

@josepaulogit

do tempo, operamos pensamentos e emoções de forma inconsciente. E, quando isso acontece, tendemos a ter maiores dificuldades para racionalizar questões que nos causam algum tipo de desconforto.

Assim como as crianças em geral demonstram insatisfação com as arbitrariedades dos adultos, preferindo fazer as suas próprias escolhas baseadas no hedonismo, quando nos tornamos adultos também podemos enfrentar dificuldades inconscientes para aceitar aquilo que nos é imposto.

> **Hedonismo**: comportamento humano que nos faz aproximar de coisas que proporcionam prazer e satisfação e nos afastar de coisas que nos deixam entediados.

A realidade é que, nos ambientes de trabalho, estamos sujeitos a ter que realizar tarefas complexas, monótonas e entediantes em vários momentos, o que pode motivar a adoção de comportamentos inconscientes de fuga.

Conhecer de forma mais abrangente cada integrante da equipe permite ajustar de maneira mais precisa as demandas do trabalho *versus* as necessidades psicológicas que proporcionam um melhor rendimento laboral do colaborador, algo que certamente contribuirá para a melhoria dos processos internos e do negócio como um todo.

É importante ficar claro que o líder não deve satisfazer os caprichos de cada funcionário, pois essa seria uma batalha inglória, além de uma ação ineficaz e perigosa. Mas, registrando as impressões de todos, é possível avaliarmos melhor a efetividade do trabalho de cada um deles, facilitando até mesmo a tomada de decisão a respeito de um possível desligamento do funcionário que definitivamente não se encaixa na proposta de atuação descrita nos manuais da empresa.

Um outro aspecto interessante quando o líder passa a realizar a escuta individual é que começam a saltar aos seus olhos as diferenças de comportamento entre cada integrante da sua equipe e, com o passar do tempo, suas ações de gestor tendem a se tornar cada vez mais simples e certeiras.

IMPLEMENTAÇÃO

Quanto mais um líder conhece os seus liderados, maior se torna a sua capacidade de liderar.

Podemos fazer um paralelo desta forma de comunicação com a arte. Basicamente, uma banda pode executar uma música de duas formas: por meio da partitura, pela qual cada músico irá produzir os sons e as pausas que estão previamente descritas para o seu instrumento, ou por meio da improvisação, quando os músicos começam a tocar sem saber ao certo o que vão executar, pois nada foi combinado.

Em ambas as situações, músicos preparados certamente realizarão excelentes apresentações. Entretanto, músicos que tocam por improviso, como no jazz, precisam exercitar muito a intuição e conhecer seus colegas pelo olhar e pelos movimentos, diferentemente de quando se toca sob a batuta de um maestro e com a partitura a guiá-lo.

Na empresa é importante que a forma como se espera proceder a comunicação interna esteja descrita em um manual corporativo, assim como é a partitura. Porém, em vários momentos precisaremos improvisar a comunicação, para que seu instrumento e o do colaborador possam tocar no mesmo tom, evitando as desafinações. Isto pode levar um certo tempo, mas depois que for conquistado proporcionará a existência de uma equipe coesa, amistosa e eficiente.

CULTURA EMPRESARIAL

Todos nós temos dias bons e ruins. Pode ser que muitas vezes consideremos que os outros não têm problemas, pois geralmente os conhecemos superficialmente, tendo acesso aos seus melhores momentos nas redes sociais. Mesmo que nossas vidas estejam prósperas e felizes, sempre existirão problemas com as pessoas que nutrimos bons sentimentos e que estão ao nosso redor. Pessoas saudáveis sempre serão abaladas pela dor do outro.

Para facilitar a abordagem a um funcionário, considere essas perguntas-chave antes de iniciar a reunião:

- quem é essa pessoa, quais seus pontos fortes e fracos?
- por que preciso gerenciá-la?
- quais temas devo abordar com ela?
- de que forma vou abordar esses temas?
- onde será a reunião?
- quando será a reunião?

Obviamente, você não fará as perguntas tais como elas foram colocadas. Elas servem apenas como um balizador da conversa, pois permitem fazer o ajuste entre a personalidade do colaborador e o tipo de tarefa e resultado que dele se espera. No quadro a seguir, colocamos algumas perguntas pertinentes a serem realizadas aos colaboradores, relacionadas a cada uma das perguntas-chave descritas anteriormente.

Pergunta-chave: Quem é essa pessoa, quais seus pontos fortes e fracos?
Orientações
Examine as virtudes e fraquezas.
Reflita sobre o papel que cada um possui no ambiente de trabalho.
Procure saber como as questões pessoais afetam o rendimento no trabalho.
Procure captar como o colaborador faz a sua autogestão profissional.
Questões pertinentes a serem investigadas junto ao colaborador
Quais são as suas tarefas e responsabilidades?
Que tipo de trabalho realiza?
Qual o seu histórico de desempenho? Ótimo, mediano ou insatisfatório?
Há quanto tempo trabalha na empresa? Continua motivado?

IMPLEMENTAÇÃO

Possui pouca ou grande energia para o trabalho?

É um entusiasta ou mais pessimista?

Possui um bom relacionamento com os colegas?

É comunicativo?

É querido pelos seus colegas?

A vida pessoal interfere nos resultados?

Tem facilidade ou dificuldade de comunicação?

Pergunta-chave: Por que preciso gerenciá-lo?

Orientações

Verifique as metas de cada funcionário, ou seja, aquilo que precisa receber dele.

Procure visualizar o que poderia dar errado se você parasse de gerenciá-lo, lhe dando total liberdade de ação.

Certifique-se se o perfil é de uma pessoa constante ou de alguém com tendência de mudar com o tempo.

Questões pertinentes a serem investigadas junto ao colaborador

Ele irá ficar na mesma função ou há uma nova responsabilidade que você acredita que pode assumir?

Ele precisa colocar mais qualidade em suas entregas?

Ele é rápido ou lento nas suas entregas?

É preciso que ele modifique algum comportamento para se adequar melhor à função?

Ele precisa ser muito ou pouco orientado e acompanhado para desempenhar seu papel?

Ele é proativo ou passivo diante das situações cotidianas do trabalho?

Suas tomadas de decisão costumam ser sensatas ou insensatas?

Ele cumpre os protocolos ou costuma resolver as coisas à sua maneira?

Costuma depender de incentivos motivacionais externos ou possui automotivação desenvolvida?

Pergunta-chave: Quais temas devo abordar com ele?

Orientações

Converse sobre o trabalho.

Especifique o que precisa do funcionário no futuro imediato.

Verifique a necessidade de abordar temas gerais ou detalhes do trabalho.

Verifique a necessidade de explicar de maneira mais didática, desmembrando o trabalho complexo em partes menores para facilitar o entendimento.

CULTURA EMPRESARIAL

Questões pertinentes a serem investigadas junto ao colaborador

Devo conversar sobre as estratégias em seus termos gerais ou passar tarefas isoladas?

Devo revisar o procedimento padrão para cada tarefa, ou estimular a criatividade para a realização delas?

O que você acredita que é preciso ajustar em seu trabalho: assiduidade, pontualidade, demora nas entregas, baixo rendimento técnico?

Existem fatores que possam estar atrapalhando o seu trabalho?

Você tem planos futuros para esse funcionário ou já está pensando em demiti-lo?

Acredita que ele precisa passar por alguma atualização profissional?

Pergunta-chave: De que forma vou abordar esses temas?

Orientações

Investigue o que motiva esse colaborador.

Descubra que tom e estilo de conversa funcionam melhor.

Procure realizar uma boa comunicação verbal e corporal, procurando ilustrar a conversa com imagens, se possível.

Procure selecionar as ferramentas e técnicas de comunicação adequadas para cada pessoa.

Questões pertinentes a serem investigadas junto ao colaborador

Devo assumir autoridade e conduzir a conversa de forma mais formal, ou posso conversar de maneira mais descontraída?

Devo ir direto aos pontos fundamentais ou primeiro devo contextualizar?

Devo adotar um estilo mais autoritário, cobrando os resultados ou um estilo conciliador, procurando compreender os problemas?

Pergunta-chave: Onde será a reunião?

Orientações

Escolha um local onde ambos se sintam confortáveis e seguros.

Tente sempre conversar no mesmo lugar.

Use aplicativos de comunicação por vídeo para se comunicar com funcionários alocados em grande distância.

Questões pertinentes a serem investigadas junto ao colaborador

A reunião será na minha sala, na sala dos recursos humanos, na sala do café?

Como é o ambiente de trabalho: é um canteiro de obras, um escritório, uma fábrica, uma oficina?

IMPLEMENTAÇÃO

Pergunta-chave: Quando será a reunião?
Orientações
Perceba a necessidade e a periodicidade ideal para as conversas.
Evite conversas complexas que terão vários temas entre pequenos intervalos da sua agenda ou próximo ao fim do expediente. Essas conversas precisam de maior tempo.
Se você possui breves momentos sem compromissos, pense na possibilidade de conversas mais informais nos postos de trabalhos dos colaboradores.
Avalie a possibilidade de perguntar ao colaborador o melhor momento para uma conversa.
Quando somos chamados sem aviso prévio para uma conversa, geralmente ficamos bastante ansiosos, prejudicando nosso rendimento até chegar o momento da reunião. Procure reforçar nas reuniões de grupo que as reuniões individuais são normais e realizadas com todos, diminuindo a pressão psicológica nos colaboradores.
Questões pertinentes a serem investigadas junto ao colaborador
Posso marcar as reuniões em qualquer horário do dia ou isso depende dos turnos de trabalho ou da logística interna?
É conveniente eu marcar e/ou manter uma reunião se estou me sentindo muito nervoso e estressado naquele momento?
Não seria interessante eu marcar as reuniões nos momentos em que o desempenho dos colaboradores costuma ser mais baixo, considerando dias da semana e horários específicos?
Qual a frequência das reuniões em grupo e individuais?
Devo fazer mais reuniões com os colaboradores que precisam de maior orientação ou aumentar o tempo delas?

No quadro anterior, trouxemos um arcabouço de perguntas, reflexões e orientações para os líderes obterem o melhor *feedback* possível dos integrantes da sua equipe. Mas, se você não tem um cargo de gerência, da mesma forma é importante que possa comunicar as questões que lhe afligem ao seu supervisor. Obviamente, a forma como você será atendido por ele depende do seu estilo gerencial e comportamental.

Algumas perguntas são importantes de serem feitas para lhe auxiliar a perceber a qualidade da sua relação com o seu líder:

- você percebe que a sua opinião é valorizada?
- quantas vezes você falou com seu supervisor nos últimos três meses?

- você tem as ferramentas e os recursos necessários para fazer seu trabalho?
- você considera que seu gerente ouve você?

Durante nossa carreira, possivelmente vamos nos deparar com superiores hierárquicos de vários estilos, sendo que alguns deles talvez nem mereçam ser chamados de líderes, pois, ao assumir uma visão ultrapassada, se comportam apenas como fiscais de produtividade, ou nem isso.

Vamos a um exemplo hipotético: imagine entrar em uma famosa loja de vestuário e ser o único cliente lá dentro. Ao começar observar as roupas, você não encontra a numeração desejada e percebe dois funcionários conversando entre si atrás do balcão. Você fica olhando na direção deles, esperando um momento para chamá-los, mas eles nem percebem ou desconsideram que você está precisando de auxílio.

Depois de um tempo, um dos funcionários se aproxima e lhe faz um atendimento nada cordial. Mesmo assim, você escolhe uma calça, se dirige ao caixa e fica dez minutos esperando até ser atendido, sendo que não havia ninguém na sua frente.

Provavelmente você se irritou muito com o atendimento nessa loja, e saiu furioso com os funcionários. Porém, em uma sala nos fundos da loja estava sentado o maior responsável pelo mau atendimento: o supervisor dos vendedores. Claro que existe a possibilidade de o vendedor estar num dia muito ruim e não conseguir oferecer um bom atendimento, mas se isso é algo recorrente, o problema maior está na liderança, ou na falta dela.

Por outro lado, provavelmente também teremos excelentes líderes em nossas carreiras, que irão auxiliar a elevar nosso patamar profissional e humano, nos encorajando a assumir novas posições e desafios. Alguns líderes irão apostar tanto em nossa capacidade que serão sinceros em dizer que devemos buscar novas oportunidades em outras empresas, quando não puderem mais nos oferecer uma posição digna de nossa formação, capacidade e esforço.

Uma boa liderança se cerca de todos os meios para realizar uma ótima capacitação dos funcionários e os estimula a manter as metas e o roteiro para o atendimento da qualidade necessária em cada atividade.

3.3 MONITORE O PROGRESSO

Assim que você finalizar seu plano e todos estiverem a bordo, é hora de começar a implementá-lo, mas isso não significa mudar toda a estrutura organizacional da noite para o dia. Mais importante do que a velocidade de implantação é a sua consistência.

Em qualquer questão que envolva a necessidade de uma nova cultura, toda forma abrupta de implantação tende a ser malsucedida. Isso acontece pois interfere numa necessidade humana denominada autonomia.

Começamos a desenvolver nossa autonomia ainda na infância, quando passamos a não mais aceitar a forma como nossos pais ou cuidadores agem nas situações mais banais e cotidianas, como, por exemplo, na hora do banho. Se antes o bebê era totalmente dependente, uma criança na faixa dos 5 a 7 anos já demonstra o interesse de lavar o seu próprio corpo. Esse processo é saudável e natural em nosso desenvolvimento em direção à vida adulta.

De forma semelhante, quando iniciamos nosso trabalho em uma nova empresa, levamos um tempo para nos adaptar à cultura ali estabelecida, mas desenvolvemos uma autonomia na forma como aplicamos os seus pressupostos. Em outras palavras, cada indivíduo costuma dar uma pitada da sua personalidade na cultura vigente, pois assim como uma cultura nos influencia, também influenciamos sutilmente a cultura geral com nossas contribuições individuais.

Geralmente, pessoas com uma inteligência social mais desenvolvida, ou que construíram uma imagem de autoridade técnica em alguma área, ou que simplesmente se tornaram celebridades com forte participação midiática, passam a alterar a cultura vigente por meio de suas influências. Entretanto, ninguém é obrigado a copiá-los, e isso torna o processo de mudança cultural mais espontâneo.

Obviamente, não aprofundaremos aqui a discussão sobre a influência das redes sociais e a forma com que seus algoritmos conseguem nos cercar de conteúdos altamente viciantes. Mas, grosso modo, todo clique que damos na internet vai criando um profundo banco de dados sobre nossa personalidade e nossas tendências de consumo.

Se até a década de 1990 os canais de televisão eram os grandes responsáveis pelas influências culturais, hoje claramente a grande influência circula pelas redes socais, numa velocidade muito alta. Com isso, a maior parte das empresas parou de investir em sites próprios e passou a utilizar as redes sociais como uma forma de se adequar à cultura mais geral, guiada pelas tecnologias de informação.

Como abordamos no início desse item, uma mudança de cultura dentro da empresa exigirá que o plano seja colocado em prática com suas fases bem estabelecidas. E, em cada fase, é necessário dar o tempo para a acomodação de cada aspecto da mudança proposta. Um dos segredos para que esse processo todo aconteça de forma bem-sucedida é por meio de um ótimo início.

Muitas empresas iniciam os processos de mudança sem nenhuma informação prévia aos colaboradores e, obviamente, existirá uma forte tendência de crise, visto que eles naturalmente permanecerão resistentes. Portanto, uma boa comunicação inicial, discutida de forma integrada entre a gerência e o setor de comunicação da empresa, criará um solo fértil para tudo que se pretende plantar no local.

O projeto de mudança cultural é algo que precisa ser guardado a sete chaves, pois se todos tiverem acesso ao produto esperado, a mudança corre o risco de ser totalmente artificializada e, assim, não alcançar o objetivo. Além disso, o vazamento destas informações pode impedir o monitoramento e a interpretação das reações dos colaboradores, o que dificultará perceber qualquer mudança necessária na forma como está sendo conduzida a implantação.

Correções de rota, ao contrário do que muitos pensam, não significam que um projeto foi mal formulado, e sim que existe um comprometimento total com o seu sucesso. E, na área cultural, pode ser muito difícil prever os desdobramentos de uma simples mudança.

Não existe uma regra ou uma receita para que um projeto de mudança cultural alcance o sucesso. Mas, é possível aumentar exponencialmente a chance de ele dar certo, seguindo alguns princípios:

- mantenha monitorado o ambiente externo, precisamente as ações da concorrência. Pode ser que seu projeto expire ou precise de modificações muito antes do que você imagina.
- utilize o *feedback* coletado dos colaboradores de todos os setores, principalmente aqueles onde existirá maior impacto. Os *feedbacks* são excelentes fontes para estimular ações criativas para a mudança.

IMPLEMENTAÇÃO

- Inicie com ações simples, como inserções coletivas nos papéis de parede dos computadores ou com artes gráficas em 2D ou 3D expostas nas paredes ou em locais de muita circulação. Essas artes devem conter alguma frase impactante, remetendo à importância das mudanças para a empresa e para as pessoas.

- realize um memorial de todas as mudanças que a empresa já sofreu em sua história, assim como as mudanças que ocorreram na sociedade, no mercado, na tecnologia e no mundo como um todo. Encontre formas criativas de divulgar isso entre os colabores.

- após realizar a tarefa anterior, deixe uma pergunta no ar remetendo à necessidade das próximas ações, como por exemplo: "e o futuro da nossa empresa?"

- crie momentos descontraídos como cafés da manhã, reuniões com lanches especiais ao final da tarde, situações surpresa no meio do expediente com ações de comunicação e interação sobre os processos em curso. Estas são ações importantes para conquistar o apoio dos colaboradores, para que a mudança seja um momento também de construção de conhecimento e de descoberta de talentos.

- em muitos casos, será importante monitorar a reação dos consumidores às mudanças da empresa. Algumas indústrias alimentícias lançam novos produtos com valores mais acessíveis indicando na embalagem que se trata de uma "edição limitada". Nesse caso, é possível medir a aceitação do público sem necessariamente realizar a mudança abruptamente. Como seria desencadear algo nesse sentido em seu ramo de atuação?

Uma pergunta que os gestores podem se deparar é: "será que todos os funcionários possuem um perfil adequado para contribuir e viabilizar as mudanças almejadas?" Na verdade, esse é um momento delicado para os tomadores de decisão, pois provavelmente não seja recomendável a permanência de alguns funcionários que já estavam desgastados por situações anteriores e já demonstravam resistência com questões práticas cotidianas.

Talvez seja a hora de fazer os desligamentos necessários e estratégicos de alguns colaboradores, buscando substituí-los por novos perfis mais flexíveis e resilientes que tendem a contribuir de forma intensiva nesse processo de transformação da empresa.

UMA BOA COMUNICAÇÃO INICIAL, DISCUTIDA DE FORMA INTEGRADA ENTRE A GERÊNCIA E O SETOR DE COMUNICAÇÃO DA EMPRESA, CRIARÁ UM SOLO FÉRTIL PARA TUDO QUE SE PRETENDE PLANTAR NO LOCAL.

@josepaulogit

IMPLEMENTAÇÃO

É possível que nem todo colaborador tenha o perfil adequado para contribuir nos momentos de mudança institucional.

Se você acompanha alguma série na televisão ou em algum *streaming*, perceberá que, a cada nova temporada, algumas personagens são desligadas e outras acrescentadas, as quais ajudarão a oxigenar o roteiro, abrindo espaço para novos cenários e situações. Essa é a lógica a ser usada nos momentos de mudanças culturais nas organizações.

Novos colaboradores tendem a contribuir de forma mais firme e engajada com os direcionamentos, pois estão procurando sedimentar os seus espaços profissionais dentro da empresa, gerando um certo desconforto – porém positivo – nos colaboradores mais antigos. É como se uma mensagem subliminar estivesse dizendo "os novos funcionários estão supermotivados, e sair da minha zona de conforto nesse momento é o recado da direção".

Essa realidade foi muito vista em diversas empresas nos últimos anos, principalmente naquelas que tiveram grandes alterações procedimentais durante a substituição de tecnologias analógicas por tecnologias digitais. Na verdade, essa foi uma questão bastante complexa, pois toda a formação técnica e acadêmica de alguns profissionais foi direcionada para a atuação em um determinado tipo de conjuntura, a qual foi profundamente modificada nesta era da tecnologia informacional.

Projetistas que aprenderam a desenhar na prancheta tiveram que migrar para a tela, fotógrafos profissionais tiveram que se render às câmeras digitais e muitos bancários foram demitidos com a inserção dos caixas eletrônicos na década de 1990. Com este último exemplo, percebemos, infelizmente, que em alguns casos a mudança da cultura da empresa adotará dispositivos automatizados e muitos talentos humanos não serão mais necessários.

Falando nesses termos, essa realidade soa bastante cruel. Porém, nos países desenvolvidos que possuem baixas taxas de natalidade, a substituição da mão de obra humana pela máquina é uma necessidade para a sobrevivência e saúde da economia nacional. Esse é o caso do Japão, que tem a sua taxa de natalidade bem menor do que a taxa de mortalidade, sendo que a cada ano a população diminui em mais de 100 mil habitantes. Portanto, simplesmente não há trabalhadores para assumir todos os postos de trabalho.

No caso do Brasil, esse tipo de substituição de pessoas por máquinas é um grande problema, pois a nossa população ainda está em processo de crescimento e nossa economia tem dificuldade para gerar oportunidades de trabalho e renda para todos os trabalhadores em idade ativa.

Se você é funcionário de uma empresa de qualquer ramo, uma dica importante é ficar de olho nas tecnologias com potencial de impactar os processos de trabalho nos quais atua e buscar fazer novos cursos, ler livros e participar de grupos de discussão para ter a opção de se adiantar às prováveis mudanças.

Isso lhe permitirá dominar a tecnologia antes de todos, servindo como um diferencial dentro da empresa ou, até mesmo, optar por uma mudança de área de atuação, no caso de a sua profissão estar completamente ameaçada por uma nova tecnologia.

Experiência Ideal Trends

Para o Grupo Ideal Trends, uma cultura institucional saudável e vencedora está diretamente ligada ao planejamento de suas atividades, o que deve ser articulado pelos seus líderes e executado com exatidão por todos os colaboradores. Mas, não acreditamos que o planejamento envolve apenas a descrição de metas: envolve também aspectos subjetivos ligados aos sonhos e desejos que temos enquanto empresa e que também são compartilhados por todos os envolvidos.

Nosso Grupo enxerga as coisas por meio:

- do nosso padrão;
- da nossa percepção e de experiências vividas;
- do nosso ponto de vista, crenças e valores atrelados;
- da mentalização: começamos a visualizar e atraímos.

Premissas da nossa atuação:

- todos nós produzimos imagens mentais, as quais revelam como enxergamos as coisas em nossos desejos mais íntimos;
- enxergamos tudo por meio da perspectiva dos nossos paradigmas, que foram criados a partir das nossas experiências, percepções, vivências e padrões;
- pensamos que enxergamos o mundo como ele é, mas, na verdade, enxergamos o mundo como nós somos;
- muito do que fazemos em nossa vida pessoal e profissional é resultado dos paradigmas que construímos;
- o que vemos (paradigmas) determina o que fazemos (comportamentos) e, por consequência, o que obtemos (resultados);
- como podemos rever os nossos paradigmas? Acreditamos que nascemos com o dom da autoconsciência e podemos nos colocar do lado de fora de nossos paradigmas, examiná-los e modificá-los se quisermos;
- quando vemos as coisas de forma diferente, pensamos, sentimos e agimos também de forma diferente;
- questionar com mais frequência nossas convicções, crenças, opiniões e pontos de vista nos torna mais abertos ao ponto de vista do outro – expandimos nossas experiências e evoluímos;
- a nossa vida muda quando nós mesmos mudamos;
- resultados atingidos são capazes de quebrar quaisquer paradigmas!

CULTURA EMPRESARIAL

A IMPORTÂNCIA DO FOCO PARA A MANUTENÇÃO DA CULTURA ORGANIZACIONAL

O foco nas atividades é algo primordial para qualquer colaborador Ideal Trends, pois, quando ele falta, uma série de problemas começa a se avolumar, comprometendo os resultados da empresa. Geralmente, a falta de foco de um colaborador que costumava apresentar ótimos resultados é evidenciada pelo(a):

- rendimento abaixo da real capacidade técnica e intelectual;
- autossabotagem (quando a pessoa cria empecilhos para si mesma);
- procrastinação e desmotivação;
- estresse intenso e desnecessário;
- dificuldade em cumprir prazos;
- constante sensação de sobrecarga;
- baixa autoestima e más noites de sono
- má alimentação e sedentarismo;
- falta de tempo para se dedicar à família e aos amigos.

Quando falamos de planejamento, não é algo que fazemos simplesmente por meio da intuição ou da experiência acumulada. É bastante importante que ferramentas comprovadamente eficazes sejam usadas de maneira assertiva para contribuir com o desenvolvimento sustentável de qualquer empresa. O Grupo Ideal Trends utiliza o método PDCA (sigla no idioma inglês), o qual acredita ser o mais completo e adequado às características de suas atividades empresariais.

PLANEJAR – FAZER – VERIFICAR – AGIR

- **P (PLAN: planejar):**

    Definir a META e a ESTRATÉGIA de como iremos atingir o objetivo;

IMPLEMENTAÇÃO

- **D (DO: fazer):**

    Implementação do plano elaborado executando todas as ações planejadas;

- **C (CHECK: verificar):**

    Analisar os resultados obtidos através dos indicadores com informações claras;

- **A (ACT: agir):**

    Realizar AÇÕES CRIATIVAS E PROATIVAS caso o resultado não esteja sendo alcançado.

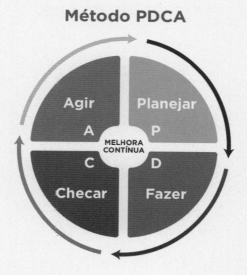

Método PDCA

Premissas importantes para o planejamento:

- registrar o planejamento em algum lugar que seja de fácil acesso para todos;
- comunicar com excelência todas as equipes: qual o objetivo do planejamento, onde nós estamos e onde queremos chegar;
- reuniões de balanço semanal e acompanhamentos diários, sempre com registros das informações para conferência dos envolvidos;

- muita disciplina para seguir e tornar o método um hábito diário;
- disposição para investir grande quantidade de tempo, energia e foco em um tema específico;
- resiliência para aprender e desaprender com as adversidades e fracassos;
- se queremos fazer pequenas mudanças, precisamos trabalhar nossos comportamentos e atitudes, mas se vocês e eu queremos fazer mudanças significativas, trabalhemos os nossos paradigmas!

O PROJETO DE MUDANÇA CULTURAL É ALGO QUE PRECISA SER GUARDADO A SETE CHAVES, POIS SE TODOS TIVEREM ACESSO AO PRODUTO ESPERADO, A MUDANÇA CORRE O RISCO DE SER TOTALMENTE ARTIFICIALIZADA E, ASSIM, NÃO ALCANÇAR O OBJETIVO.

@josepaulogit

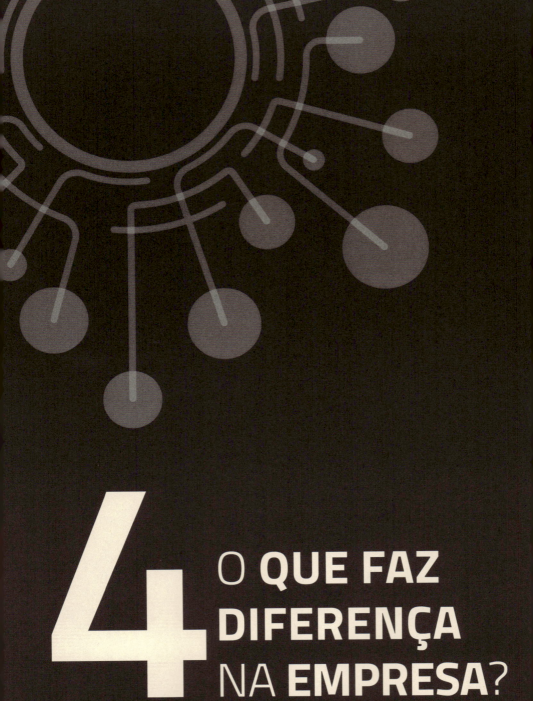

4 O QUE FAZ DIFERENÇA NA EMPRESA?

Nos primeiros dois anos da pandemia do novo coronavírus, 716 mil empresas fecharam as suas portas em todo o Brasil, segundo o IBGE. O levantamento revela que a crise sanitária afetou todos os setores econômicos, especialmente o comércio (39,4%) e de serviços (37%), principalmente as pequenas empresas.

Porém, mesmo antes da pandemia, a média de empresas que finalizavam as suas atividades era na ordem de 10% delas a cada ano, o que corresponde a cerca de 600 mil negócios. Das 2,7 milhões de empresas que continuaram em atividade no Brasil, cerca de 70% delas relataram uma diminuição em seus negócios e precisaram demitir trabalhadores.

Se empreender em nosso país já é uma tarefa difícil, eventos como crises econômicas estruturais, desregulações entre oferta e demanda de insumos e produtos, desestabilização cambial, pandemias, alterações em legislações vigentes etc. podem trazer abalos significativos aos negócios, afetando com mais intensidade os pequenos empreendedores.

Seríamos profundamente injustos se afirmássemos que todos esses empreendedores faliram por falta de esforço e dedicação. O brasileiro é sim um povo trabalhador e bem-intencionado. As mazelas sociais e econômicas são frutos de uma dinâmica histórica muito arraigada em nosso país e muito difíceis de serem combatidas sem o interesse real dos nossos governantes.

Entre esses problemas que explicam a dificuldade dos nossos empreendedores está a falta de educação de qualidade no ensino técnico e no ensino superior. Uma parcela muito pequena da população possui acesso a instituições de ensino comprometidas com a qualidade na formação dos estudantes e outra parte acredita que, mesmo sem o conhecimento sistematizado, é possível obter êxito no mundo dos negócios.

CULTURA EMPRESARIAL

Provavelmente já ouvimos relatos de sucesso de pessoas com pouco estudo criando empresas de sucesso. Porém, situações como essa são extremamente raras quando as analisamos sob o ponto de vista estatístico. No mínimo, o empreendedor atual precisa ser um autodidata para poder traçar estratégias para o seu negócio e competir diante de cenários tão desafiadores.

Outro grave problema dos nossos empreendedores é a falta de acesso a linhas de financiamento com valores justos e acessíveis para poderem ampliar e/ou otimizar as suas atividades. Com os maiores juros praticados entre as grandes economias do mundo, realizar um empréstimo é uma ação de alto risco para boa parte das empresas. Com pouco capital extra, muitos empreendedores até possuem boas ideias, mas acabam não colocando-as em prática.

Com todo esse contexto, grande parte dos empreendedores não possui capital e preparo técnico para planejar e fazer a gestão adequada dos seus negócios. Muitos empreendedores já criam negócios que são fadados ao insucesso, seja pela seleção equivocada de produtos para o seu público-alvo, seja pela escolha inadequada do local de instalação do seu negócio, ou ainda pela gestão ineficaz de processos e da dinamização do trabalho das esquipes.

Essa realidade, que não mudará do dia para a noite no Brasil, nos traz um dilema: o que eu faço então diante desse quadro? Fico parado reclamando e esperando a situação melhorar ou procuro fazer algo que possa projetar meus sonhos e ideias? Obviamente, não podemos ficar parados.

Precisamos ter estratégias comunitárias inteligentes, como escolher por meio do voto governantes sob análise técnica apurada da sua formação, conhecimento e experiência político-administrativa; e estratégias individuais, como buscar e extrair todo o conhecimento possível que tenhamos acesso.

A evolução de uma sociedade passa pelas suas estratégias comunitárias e, também, pelas tomadas de decisão individuais.

Você, meu amigo, minha amiga, pode talvez pensar que o tema "cultura institucional" possui relevância apenas para as médias e grandes empresas. Destaco que esse é um pensamento equivocado. Se você é um microempreendedor e contratou um funcionário para apoiá-lo, a cultura institucional já passa a ser algo importante.

E, diferente de equipamentos ou serviços onerosos que muitas vezes são inacessíveis ao caixa da empresa, uma boa gestão da cultura institucional pode elevar sobremaneira a qualidade do trabalho e, com isso, aumentar o faturamento. E o mais interessante é a possibilidade de fazer isso tudo com um investimento financeiro extremamente acessível, levando em consideração todo o acesso que temos a certas tecnologias.

Impressão de banners e panfletos, publicações em redes sociais, câmeras de vídeos e fotografias nos próprios smartphones, aplicativos altamente intuitivos para edição de vídeo e imagem etc., possibilitaram às empresas criarem campanhas internas bem-sucedidas com poucos recursos. É claro que, dependendo da realidade da empresa, é muito importante realizar investimentos nessa área compatíveis com o seu porte, pois de toda grande instituição se espera a primazia em tudo que ela faz.

Acreditar no potencial humano é uma das ações mais importantes que uma empresa pode realizar. Se você colocar uma máquina para fazer um determinado trabalho, dela só podemos esperar exatamente aquilo que foi programado. Por outro lado, um colaborador bem selecionado, com oportunidades de aprendizagem e crescimento profissional dentro da própria empresa, encontra recursos diários de motivação e passa a executar outras tarefas além daquelas para que foi contratado.

Nesse processo ganham os funcionários e ganha a empresa, sob todos os aspectos. Assim, é importante preparar o ambiente de trabalho para que ele possa oferecer todas as condições necessárias para que os colaboradores entreguem suas melhores versões.

4.1 A CULTURA DA EMPRESA FAZ CRESCER

Nesse item, vamos acessar os segredos da cultura do Grupo Ideal Trends, que me permitiu a ascensão da carreira de vendedor de sacolas plásticas e, a partir de 1995, vem sendo consolidado como um dos maiores grupos

CULTURA EMPRESARIAL

de tecnologia da América Latina, com mais de 30 empresas em diferentes ramos de negócios, com participação também no mercado dos Estados Unidos.

4.1.1 SONHAR GRANDE

Somos movidos por um sonho grandioso e desafiador: sermos os melhores e mais lucrativos nos setores em que atuamos

- A empresa somos nós, seus colaboradores. Nosso desejo de construir uma grande empresa que seja a melhor no que faz é o que nos inspira e estimula a trabalhar juntos na mesma direção.

- Sonhar grande requer a mesma energia que sonhar pequeno. Sonhamos grande para sermos do tamanho de nosso sonho.

- Sonhos são, por natureza, ampliações de nós mesmos, e por isso conseguimos nos dedicar a eles. Por serem ampliações, requerem esforço, trabalho duro, paixão, senso de propósito.

- Todo sonho tem consequências. Para sermos a melhor empresa, não podemos ser apenas uma boa empresa. Bom não é suficientemente bom.

Vamos fazer um rápido exercício filosófico: você já reparou que tudo o que a humanidade criou, antes de se materializar, esteve no mundo dos sonhos ou das ideias de alguém? A palavra "sonho" é relacionada a um estado de vigilância cognitiva e neuronal **inconsciente** durante o sono e, por motivos que a neurociência não explica totalmente, muitas vezes conseguimos trazê-lo para o estado **consciente** por meio da lembrança. Alguns sonhos nos parecem ser tão nítidos e realísticos que, ao acordarmos, temos a impressão de ter vivido aquilo de verdade.

VOCÊ, COMO EMPREENDEDOR, DEVE LIBERAR O POTENCIAL DAS PESSOAS, POIS É ISSO O QUE UM GRANDE LÍDER FAZ – TRAZ PARA FORA O QUE ELAS TÊM DE MELHOR, DEPOIS SÓ AS ADMINISTRA E ALINHA INTERESSES, TANTO DO COLABORADOR QUANTO DA EMPRESA, DOS FORNECEDORES E ACIONISTAS.

@josepaulogit

Consciente: são todas as nossas percepções sobre o mundo que nos cerca ao nível cognitivo, captadas pelos nossos sentidos e interpretadas pela racionalidade. Conseguimos utilizar a nossa racionalidade devido ao armazenamento e concatenação de informações em nosso cérebro por meio das sinapses cerebrais. Exemplo: quando estamos dirigindo, precisamos interpretar os obstáculos e direcionar o volante do automóvel para evitar colisões, e fazemos isso interpretando conscientemente o trânsito que se apresenta à nossa frente, pois ele muda a todo o momento.

Inconsciente: são percepções ao nível cognitivo captadas pelos nossos sentidos e também pela memória, porém não direcionadas para a racionalidade. Em outras palavras, a nossa percepção não consegue ser interpretada ou simplesmente é ignorada pelas áreas racionais do cérebro. Quando aprendemos algo, geralmente utilizamos o consciente, mas se essa atividade se tornar repetitiva, tendemos a colocá-la no plano inconsciente. Exemplo: ao dirigir, trocamos de marcha sem necessariamente interpretar a necessidade do ato, pois é uma ação repetitiva.

Também utilizamos a palavra "sonho" para designar nossas vontades mais profundas, ou seja, o que queremos fazer e nos tornar no futuro, seja ele próximo ou distante. Porém, diferentemente do sonho que temos ao dormir, no qual as coisas acontecem de forma quase mágica e sem o nosso controle racional, os sonhos que são nossas vontades e ideais muito dificilmente irão se concretizar apenas pela sorte ou pelo acaso.

Se os sonhos que temos ao dormir estão no plano inconsciente, os sonhos que são nossos ideais devem fazer parte do nosso consciente a todo o momento, pois somente dessa forma poderemos a cada ação nos aproximar mais da sua concretização. É importante reparar que se você tem vontade de tomar um sorvete de chocolate, isso não é um sonho, pois é algo totalmente acessível. Mas fazer uma viagem para conhecer as pirâmides do

Egito talvez seja um sonho, principalmente se hoje você não tem o recurso financeiro necessário para custear a viagem.

Portanto, para conseguir realizar este sonho, você deverá traçar um plano e um prazo, pois, caso contrário, dificilmente irá concretizá-lo. Será necessário acumular um dinheiro de maneira disciplinada e, talvez, terá que fazer trabalhos extras para isso, principalmente se o seu salário apenas cobrir os seus custos mensais de sobrevivência.

Percebemos assim, que para a concretização dos nossos sonhos, precisamos executar um trabalho muitas vezes árduo, que exigirá empenho, dedicação e privações que nos cobrarão um preço emocional. Se não estivermos dispostos a bancar todos os desafios que teremos nessa jornada, talvez a melhor solução seja mudar de sonho, como a escolha de um destino turístico no próprio território nacional.

Concretizar um sonho grandioso gerará um trabalho na mesma proporção. A escolha é sua!

É melhor concretizarmos pequenos sonhos possíveis, do que insistirmos em sonhos grandes que jamais serão realizados, pois isso pode gerar grande frustração e nos fazer sentir incapazes. Porém, se a escolha é o sonho grande, mãos à obra! O método e a persistência certamente te levarão para o lugar ou situação que quiser, seja a realização uma viagem, a aquisição de um bem material, a constituição de uma família ou uma ocupação profissional.

O Grupo Ideal Trends optou por sonhar grande e, para isso, delimitou um plano ousado e muito bem formulado para alcançá-lo.

4.1.2 MERITOCRACIA

Pessoas excelentes, livres para crescer no ritmo de seu talento e recompensadas adequadamente são nosso ativo mais valioso

- Grandes empresas são formadas por pessoas excelentes e elas são a única vantagem competitiva realmente sustentável.
- Pessoas excelentes atraem mais pessoas excelentes, embora o inverso também seja verdade.
- Líderes autênticos mantêm o caminho livre para os demais e criam constantemente o ambiente, as oportunidades e os desafios para que estes progridam conforme seus talentos e dedicação.
- Pessoas excelentes gostam de meritocracia, informalidade e sinceridade.

A Revolução Francesa iniciada em 1789 constituiu um importante marco para a humanidade por meio dos ideais iluministas, sintetizados pelo lema: "**liberdade, igualdade e fraternidade**". Até o seu acontecimento, o mundo e, principalmente a Europa, eram marcados por governos absolutistas, nos quais os líderes obtinham o direito ao cargo de governante por meio da hereditariedade.

Em outras palavras, para se tornar governante de uma nação ou de um povo, a condição era ser filho (herdeiro sucessor) de um rei ou imperador. Portanto, se a pessoa nascesse fora de uma família da corte, jamais alcançaria uma posição social elevada. Esse sistema de governo era sustentado pela Igreja, que considerava o rei/rainha e os integrantes da sua linha sucessória como legítimos representantes de Deus na Terra.

A Revolução Francesa foi importante pois rompeu com esses princípios ultrapassados e instituiu profundas mudanças na forma como as sociedades se organizam política e economicamente. Iniciado pela França, vários outros países destituíram os seus reis e instituíram a democracia, como uma forma mais justa de escolha dos seus representantes. Mesmo os países que mantiveram suas casas reais ativas, como a Inglaterra, passaram a adotar o sistema democrático e a função do monarca passou a ser mais simbólica do que política.

Outro aspecto importante foi a separação entre a Igreja e os estados nacionais, que passaram a ser laicos. Com isso, as ciências tiveram grande florescimento, pois deixaram de ter suas descobertas contestadas pelos dogmas eclesiásticos. Além disso, a burguesia recém-formada no interior do jovem sistema capitalista começou a financiar uma vasta gama de pesquisas que culminaram com a invenção de máquinas e processos industriais que trouxeram inovações fundamentais para a humanidade.

No campo das relações de trabalho, esses novos ideais foram fundamentais para a expansão da capacidade humana, pois tornou possível pessoas comuns, muitas vezes nascidas pobres, a obter um avanço social por meio do seu trabalho, do seu conhecimento e das suas invenções. Essa possibilidade de valorização dos méritos individuais é chamada de **meritocracia** e era inadmissível anteriormente.

Porém, levou muito tempo para que as leis dos países admitissem a igualdade entre todas as pessoas, independentemente de gênero, religião, cor da pele, etnia, classe social etc. Até a década de 1960, nos Estados Unidos, por exemplo, era imposto um sistema de divisão social pelo critério da cor da pele, sendo que os negros não podiam compartilhar os mesmos espaços que os brancos em clubes, escolas, universidades, transporte público etc.

Muitos avanços nesse sentido já ocorreram em diversas partes do mundo, mas infelizmente ainda existem situações de violência e preconceito bastante preocupantes. O conceito de meritocracia só pode ser plenamente validado em sociedades que proporcionam condições igualitárias a todos os cidadãos, para que possam competir em igualdade de condições e oportunidades. Alguém que não consegue ingerir a mínima quantidade de calorias diárias devido à condição de miserabilidade não tem como competir com um candidato bem alimentado, por exemplo.

Por outro lado, muitas empresas passaram a adotar a meritocracia como uma forma de estabelecer critérios para a ascensão dos colaboradores que demonstram níveis melhores de empenho e produtividade, ação esta que contribui substancialmente para a construção de sociedades mais justas.

Na meritocracia, aqueles que mais se esforçam e demonstram qualidades interessantes para os fins institucionais alcançam os melhores cargos, salários e premiações. A meritocracia cria um círculo virtuoso, ou seja, tanto a empresa quanto os funcionários se beneficiam desse sistema na medida em que todos ganham de alguma forma. Com isso, a empresa vai aumentando a sua *expertise* em seu ramo de atuação, sedimentando a sua posição no mercado e se blindando da ameaça dos concorrentes.

A meritocracia é o sistema mais justo e que mais traz benefícios para colaboradores e empresas, mas é importante que os critérios para a promoção de talentos sejam claros.

Uma empresa geralmente começa no formato de uma ideia na cabeça do seu criador. Mas uma única pessoa jamais conseguiria fazer uma empresa crescer e prosperar. Para isso, é necessária a contratação de diversos profissionais que formarão um time em que todos jogam juntos, focados no mesmo resultado. Uma empresa que consegue criar essa cultura tem muito mais chances de se estabelecer e prosperar.

4.1.3 FORMAR LÍDERES

> **Devemos selecionar indivíduos que possam ser melhores do que nós. Seremos avaliados pela qualidade de nossas equipes**
>
> - Quem não tiver sucessores à altura não poderá ser promovido. É preciso identificar potenciais que, com o desenvolvimento, os desafios e incentivos adequados, ajudem a atingir as metas da empresa e superem os próprios líderes.
>
> - Todos os líderes da organização precisam ter tempo disponível para atrair, desenvolver e motivar pessoas. Essa é uma responsabilidade que eles não delegam.
>
> - O desenvolvimento de cada pessoa deve ser incentivado com a oferta de oportunidades profissionais que possam tirá-la de sua zona de conforto e levá-la além do que ela se julgava capaz de ir.

O mundo atual nos trouxe verdadeiras maravilhas, principalmente nas áreas tecnológica e material, facilitando nossas vidas, proporcionando entretenimento e prazeres diversos. Mas é inegável que nossa sociedade se tornou tão complexa, que viver de forma comunitária passou a ser um grande desafio.

Defender uma simples ideia nas redes sociais pode trazer muitos inconvenientes e dissabores com outras pessoas, principalmente com os "*haters*", que são habilidosos em ofender e promover o chamado "cancelamento", quando uma pessoa simplesmente se torna alvo de *bullying* e exclusão social.

Nunca tivemos tantos recursos para a nossa evolução, mas, por outro lado, também nunca demonstramos tão baixa inteligência emocional para nos relacionarmos com o outro. Essa crise contemporânea evidencia também um problema cada vez mais visível em toda a sociedade: a **carência de líderes**.

Podemos nos questionar quanto a esta afirmação, pois, no geral, as vagas de liderança nas empresas quase sempre estão ocupadas. Poderíamos

AS PESSOAS DEVEM SER RECOMPENSADAS DE ACORDO COM OS SEUS RESULTADOS. ELAS SÃO O ATIVO MAIS IMPORTANTE DE QUALQUER ORGANIZAÇÃO. ISSO É MERITOCRACIA.

@josepaulogit

acrescentar um adjetivo depois da palavra liderança: capaz, eficaz, motivadora, competente, assertiva, com visão estratégica etc. Mas a palavra liderança precisa necessariamente subentender a existência prática de todos esses critérios e, justamente, esse líder completo está em falta.

Na verdade, o líder pode ter todas essas características e, ainda assim, exercer uma liderança incompleta se não for inteligente do ponto de vista emocional. Assumir liderança é algo que geralmente mexe muito com os valores profundos dos indivíduos, pois ela proporciona o exercício de algo almejado por muitos: o poder.

É muito comum matérias jornalísticas explorarem situações nas quais pessoas com algum cargo público relevante são flagradas utilizando a sua "autoridade" para punir e humilhar outras pessoas por meio do famoso bordão: "você sabe por acaso com quem está falando?" Muitos possuidores de cargos gerenciais, mesmo na inciativa privada, acabam assumindo essa postura, o que definitivamente lhe afasta das prerrogativas de um verdadeiro líder.

O máximo que um chefe autoritário conseguirá é exercer influência sobre liderados débeis, incapazes de dar sugestões que possam minimamente se chocar com a sua visão. Ótimos funcionários provavelmente não suportarão uma liderança tão nociva e limitadora e tenderão a buscar outras oportunidades.

Não existem faculdades ou cursos que formem líderes: no máximo oferecerão ao postulante dessa função o acesso a uma bibliografia organizada sobre o tema, orientações de professores, tutores e mentores, ferramentas de gestão, *cases* de sucesso em liderança e estudos de caso para aprofundamento sobre o tema. Tudo isso é muito importante pois, sem dúvida, são conhecimentos fundamentais.

Mas, para se tornar um líder, é muito importante que o estudante ou o colaborador que almeja alcançar esta função possa acompanhar de perto o trabalho de outros líderes mais experientes e que, de preferência, possam servir de referência positiva para a conclusão da sua formação. E, mesmo depois disso, não podemos ainda afirmar que temos um líder completo.

Líderes são forjados no cotidiano, enfrentando as mais diferentes situações, que vão desde a imperícia dos comandados até a defesa dos negócios diante das mais severas crises econômicas. Nesse sentido, o passar do tempo e os desafios diários vão tornando um líder cada vez mais completo. E, mesmo assim, sempre é possível que surja um problema que ele nunca havia enfrentado antes.

Podemos fazer um paralelo dessa descrição com o mundo da aviação comercial: para chegar à função de comandante, um piloto iniciante deverá realizar um grande número de horas de voo na função de subcomandante. Durante esse tempo, ele exercitará a sua habilidade observando a atuação do comandante, realizando procedimentos auxiliares e fazendo alguns pousos e decolagens nas situações operacionais favoráveis.

E, quando alcançar o posto de comandante, ele certamente iniciará a nova atividade em aeronaves menores, realizando voos regionais e nacionais. Somente com o acréscimo de mais milhares de horas de voo como comandante ele poderá assumir o comando das aeronaves maiores e realizar voos internacionais.

Essa metáfora da aviação pode ser muito útil às empresas, e algo semelhante é adotado no Grupo Ideal Trends. Dessa forma, é possível contornar o problema da carência de líderes eficazes no mercado, pois a própria empresa desenvolve uma metodologia de seleção e preparação das novas lideranças.

Além dessa concepção ser estratégica para a empresa, ela costuma gerar uma motivação extra do colaborador, o qual passa a atuar de forma mais comprometida com os objetivos institucionais. Destacamos também a importância dos líderes e do setor de recursos humanos ou talentos da empresa estarem bastante atentos aos colaboradores que demonstram perfis de liderança, para que passem a ser submetidos a provas e experiências que irão capacitá-los e fortalecê-los durante o processo.

4.1.4 SER EXEMPLO

A liderança pelo exemplo pessoal é o melhor guia para nossa cultura. Fazemos o que dizemos

- Atitudes e ações são mais poderosas que palavras.

- Somos todos embaixadores e multiplicadores da nossa cultura. Isso significa que somos todos atenciosos, humildes, energéticos e com senso de urgência, a chave para construir nossa empresa.
- A liderança, com sua equipe, é a chave da obtenção de resultados. Sem grandes líderes não há grandes resultados.
- Nada substitui a presença do líder. Sempre que possível, vamos aonde as coisas acontecem para gerenciá-las.

As pesquisas na área da Educação realizadas nos últimos 30 anos trouxeram grandes revoluções na abordagem de como se procede a aprendizagem, seja em crianças ou adultos, em escolas ou em empresas. Quem tem mais de 30 anos de idade provavelmente se deparou com métodos de ensino bastante monótonos, nos quais precisávamos memorizar datas, fórmulas, lugares etc. para tirarmos uma boa nota nas avaliações.

Atualmente, as abordagens educacionais mais modernas posicionam o aprendiz de forma central no processo. Se antes primeiro pensávamos em quais conteúdos seriam importantes a serem trabalhados, hoje pensamos em quais são os conteúdos importantes para a formação e para a vida do estudante. Nesse sentido, vários tipos de intervenções e experiências devem ser desencadeados para que o educando tenha interesse e motivação no processo de aprendizagem.

Uma das conclusões dos psicopedagogos em suas análises sobre a aprendizagem consiste justamente no papel do educador no processo. Se o seu discurso vai em direção oposta ao que ele está tentando ensinar, o aluno tenderá a seguir o que ele faz e não o que ele fala.

É como um pai que grita com o filho para que ele não grite com o irmãozinho: a gritaria provavelmente continuará fazendo parte do lar. Mas, se o pai ao presenciar o filho gritando iniciar uma conversa em um tom calmo, acolhedor e compreensivo, poderá explicar os malefícios da comunicação violenta. Assim, a criança percebe que esse é o padrão adequado de

CULTURA EMPRESARIAL

comunicação e procura a ele se adaptar. A intervenção que fazemos dentro das empresas deve ser embasada em exemplos como esse.

Obviamente, alguns funcionários já muito desgastados ou frustrados com o trabalho necessitarão ser desligados. Porém, quando sabidamente o funcionário possui excelentes qualidades, vale a tentativa de trazê-lo novamente à sua melhor forma profissional, por meio de uma intervenção assertiva do seu líder imediato. Nossa condição humana nos traz oscilações em nosso comportamento e produtividade, mas o que não pode faltar é a dedicação ao que precisa ser feito.

Líderes que operam como modelos a serem seguidos e estimulam a cooperação mútua contribuem com uma cultura institucional fortíssima, pela qual todos se sentem confiantes e corresponsáveis pela empresa e pelo bem-estar do outro. Agindo dessa forma, nos momentos mais difíceis e desafiadores a tendência é que o time permaneça unido e focado na resolução dos problemas.

Verdadeiros líderes são apaixonados por educação e desenvolvimento humano e buscam incessantemente servir como referência e exemplo de conduta, atraindo, mobilizando e influenciando positivamente seus liderados.

4.1.5 RESULTADOS

Resultados são a força motriz da empresa. O foco nos resultados nos permite concentrar tempo e energia no que é essencial

- O que importa são resultados, desde que obtidos de maneira que respeite a estrutura ética e as normas da empresa.

O QUE FAZ DIFERENÇA NA EMPRESA?

- Uma grande empresa precisa obter grandes resultados, que sejam ótimos e sustentáveis.
- O foco é crítico e decisivo para a empresa: como é impossível ser excelente em tudo, é melhor executar bem poucas coisas do que realizar mal muitas.
- Sempre haverá mais o que fazer do que o tempo nos permite, por isso prioridades são fundamentais. As metas nos alinharão em torno das prioridades.
- São os lucros que atraem as melhores pessoas, geram oportunidades profissionais, cativam investidores e mantêm o motor da empresa funcionando.
- Meios (o modo como realizamos as coisas) são importantes para obtermos os fins (resultados) de modo mais rápido, econômico e confiável. Meios sem fins não significam nada.
- Não perdemos tempo tentando reinventar o que já existe; aprimoramos o que há de melhor.

Uma empresa que não alcança resultados minimamente satisfatórios irá falir. Essa é uma certeza matemática e o grande monstro que assombra os negócios que se encontram em uma fase ruim.

A única maneira de que dispõe uma empresa para avaliar a sua saúde geral é por meio da análise dos seus resultados e, entre diversos resultados possíveis, sem dúvida o lucro é o mais significativo. Por outro lado, algumas empresas podem apresentar um lucro avantajado por um certo tempo e isso pode fazer que seus gestores avaliem que estão no caminho certo.

Entretanto, mesmo no cenário de lucros satisfatórios, não podemos deixar de analisar os processos internos e, muito menos, parar de acompanhar o movimento dos concorrentes, que podem estar silenciosamente gerando alguma inovação com potencial de impactar nossos negócios. Além disso, olhar para fora da empresa – os movimentos culturais da sociedade e principalmente do público-alvo – é fundamental para que a empresa tenha um funcionamento em bases mais seguras.

O avanço das legislações dos países desenvolvidos e em desenvolvimento serviu como um instrumento de pressão positiva para o aprimoramento das empresas, tanto sob o ponto de vista cultural quanto socioambiental. A partir dessas exigências legais, empresas ao redor do mundo passaram a poluir menos o ambiente, disponibilizar alimentos mais saudáveis, desenvolver motores mais econômicos etc.

Em outra perspectiva, o mercado tornou-se mais crítico e as pessoas passaram a buscar seus direitos de consumidor, quando sentem que os produtos e serviços não entregam a qualidade condizente com as suas propagandas. Portanto, além do lucro, é importante que a cultura institucional esteja preocupada em medir todos os seus indicadores de resultado possíveis, pois clientes insatisfeitos podem gerar uma grave e rápida crise em tempos de comunicação global e em tempo real.

Cada líder deve buscar indicadores de resultados para avaliar sistematicamente seus comandados e, caso necessário, fazer os ajustes necessários. Quando isso acontece em toda a hierarquia, uma cultura ligada à observância da qualidade é desenvolvida, contribuindo para a manutenção de um ambiente altamente produtivo.

4.1.6 AGIR COMO DONO

Somos todos donos da empresa. E um dono assume a responsabilidade pelos resultados pessoalmente

- Sermos donos da empresa é o que nos permite tomar decisões melhores. Um dono convive com as consequências de suas decisões.

O QUE FAZ DIFERENÇA NA EMPRESA?

- Tudo que a empresa faz tem um dono, com responsabilidades claras e metas mensuráveis incluindo prazo definido. Um dono sempre assume essas responsabilidades, além de exercer sua autoridade. Embora as discussões sejam importantes e comitês se mostrem úteis, é o dono que sempre toma a decisão final.

- Em uma verdadeira cultura de proprietários, donos não julgam ter direito natural ao negócio, ao contrário, buscam fazer jus a ele todos os dias.

- Donos puxam para si a responsabilidade por resultados e desafios, sofrem com desenlaces negativos e chamam a atenção para os erros que veem, mesmo que ocorram fora do seu departamento ou território.

Algumas pessoas possuem predisposição para o empreendedorismo e outras não. E isso não é um problema, afinal, um perfil é complementar ao outro em nossa sociedade. É importante que as características pessoais sejam respeitadas e que cada um possa encontrar o trabalho que mais lhe traga satisfação e realização.

O fato de os seres humanos serem animais gregários, ou seja, viverem em grupo, não significa dizer que não devemos exercitar nossa individualidade. Todo o relacionamento humano entre adultos, seja ele amoroso ou não, corre o risco de se tornar extremamente tóxico quando um ou ambos os lados se tornam dependentes emocionalmente ou materialmente do outro.

Quando somos crianças, obviamente somos muito dependentes do carinho, da atenção e dos cuidados dos nossos pais ou tutores, que, paulatinamente, vão estimulando a nossa autonomia em direção à vida adulta. Pelo menos do ponto de vista do amadurecimento psíquico, esse deveria ser o procedimento ideal.

CULTURA EMPRESARIAL

A forma como desenvolvemos nossa autonomia está bastante ligada ao comportamento que assumimos perante a sociedade. Quando nos tornamos mais maduros, costumamos agir de maneira responsável e proativa e não esperamos que alguém surja do nada para resolver os nossos próprios problemas, afinal, essa é uma característica infantilizada, originada do período pueril, quando fazíamos birra por não ter ganhado um brinquedo, por exemplo.

A sociedade brasileira tem dado sinas de grande imaturidade: brigas de trânsito, motoristas desenvolvendo velocidades acima da permitida, pessoas furando fila, governantes não respeitando normas sanitárias, entidades físicas e jurídicas sonegando impostos, pessoas jogando lixo em locais inadequados etc. E, não raro, vemos essas mesmas pessoas protestando contra a corrupção na política!

Todas essas ações citadas corrompem o pacto civilizatório e colocam em risco a saúde e a integridade nossas e do próximo. Agora imagine alguém se comportar dessa forma dentro de um ambiente corporativo. Certamente teríamos um ambiente de caos, onde, metaforicamente, cada um remaria o barco para a direção que bem entendesse.

Portanto, as empresas são locais que não suportam comportamentos imaturos, pois todos devem assumir responsabilidades que são fundamentais para a sobrevivência do negócio em si e, também, para o bem-estar dos seus colegas. Uma empresa que fecha as suas portas é um verdadeiro desastre para a sociedade, pois ela gera emprego, renda, benefícios aos consumidores por meio dos seus produtos e serviços e contribui com impostos que garantem a disponibilização de benfeitorias públicas.

Percebemos que a melhor forma de atuação do colaborador é quando ele age como dono da empresa onde trabalha. Além de exercitar a sua maturidade, a empresa passa a funcionar em um ambiente de maior segurança psicológica, pois todos sabem que serão amparados nas dificuldades. Os benefícios desse comportamento do colaborador provavelmente serão transpassados para a sua família e para a comunidade onde atua, criando um círculo virtuoso capaz de mudar para melhor uma sociedade inteira.

O QUE FAZ DIFERENÇA NA EMPRESA?

Quando agimos como donos na empresa onde trabalhamos, exercitamos a nossa autonomia como seres humanos.

4.1.7 SIMPLICIDADE E FRANQUEZA

Acreditamos que bom senso e simplicidade são melhores que complexidade e sofisticação

- Nada substitui o discernimento e o bom senso.
- Ser simples é melhor. Coisas simples são fáceis de explicar e pôr em prática e têm maior probabilidade de dar certo.
- Todas as ações seguem nossas diretrizes, o que evita complexidade e sofisticação desnecessárias.
- Tomamos decisões com base em fatos, não no sistema de tentativa e erro. Mas, embora a análise seja fundamental, a paralisia analítica deve ser evitada a todo custo.

CULTURA EMPRESARIAL

- Transparência e disponibilidade de informações contribuem para a tomada de decisões e minimizam os conflitos. Gostamos de visibilidade e franqueza sem receio.

- Disciplina é fundamental em tudo que fazemos. Sistemas para avaliar o desempenho, indicador-chave de desempenho (KPs, na sigla em inglês) e o método PDCA (Planejar/Executar/Verificar/Reagir, na sigla em inglês) são muito importantes.

- A execução faz a diferença em nosso negócio. Grandes ideias mal executadas não têm valor algum.

Na década de 1980, a fábrica de uma grande empresa multinacional no interior do Estado de São Paulo enfrentava um problema incômodo. Na esteira automatizada onde eram embalados os tubos de pasta de dente, de vez em quando acontecia um problema e a caixinha de papelão era lacrada sem nada em seu interior. Após comprar o produto nas farmácias e supermercados, alguns consumidores chegavam em suas casas e se deparavam com a embalagem vazia, o que estava gerando um desgaste na imagem e na credibilidade da empresa.

Para resolver o problema, a empresa contratou dois engenheiros especializados em maquinário de automatização e, após três meses de trabalhos exaustivos, desenvolveram um programa de computador atrelado a uma balança de medição ultrassensível instalada na esteira. Dessa forma, a balança conseguia detectar pelo peso as embalagens que se encontravam vazias. Quando isso acontecia, o sistema era interrompido e um braço mecânico retirava a caixinha da esteira.

Com a ausência de reclamação dos estabelecimentos de varejo e consumidores nos relatórios posteriores, o problema foi dado como resolvido e os gerentes foram ver de perto o sistema inovador. Chegando na esteira, porém, perceberam que o tal sistema estava desativado.

Ao perguntar ao encarregado, logo ele disse que desligou o novo sistema já nos primeiros dias de implantação, alegando que a esteira parava vá-

O QUE FAZ DIFERENÇA NA EMPRESA?

rias vezes, dando muito trabalho para voltar a funcionar. Além disso, devido a essas constantes pausas, começaram a atrasar as entregas dos produtos embalados para serem despachados para a venda.

O gerente perguntou: "Mas se vocês desligaram o novo sistema, como foi possível não recebermos nenhuma reclamação dos consumidores nos últimos meses?" O encarregado respondeu: "Eu e o pessoal aqui fizemos uma vaquinha, compramos um ventilador e deixamos ele ligado ao lado da esteira. Sempre que uma caixinha vazia passa, o vento consegue derrubá-la. Assim, a esteira não para nunca e resolvemos o problema".

Esse exemplo ilustra muito bem que a simplicidade pode fundamentar as estratégias mais eficazes. Muitas vezes, somos levados a criar soluções complexas e projetos mirabolantes, gastando muito tempo e recursos de maneira desnecessária.

É sempre importante oportunizar aos colaboradores a tarefa de encontrar soluções para as situações problemáticas que se apresentam, o que fará o capital de inteligência da empresa ser constantemente ampliado. Com isso, a cultura da empresa vai sendo formatada de maneira a atrair perfis de profissionais abertos a essa característica, o que passa a ser reconhecido pelo próprio público externo.

Tudo isso, somado a um ambiente que cultiva a honestidade e a franqueza na comunicação, certamente criará um ambiente muito favorável ao trabalho, onde os colaboradores sentirão gratidão e satisfação em produzir e aprender.

A comunicação franca, realizada olho no olho e sem máscaras proporciona empatia entre as pessoas e o desenvolvimento de um ambiente altamente colaborativo.

CULTURA EMPRESARIAL

4.1.8 EMPRESA ENXUTA

Gerenciamos nossos custos rigorosamente, a fim de liberar recursos que ajudarão a aumentar o faturamento

- Custos são, entre os fatores totalmente sob nosso controle, os mais importantes.

- Não há mal algum em ser uma empresa enxuta; assim, nos sobra mais recursos para investir e incrementar vendas. Empresas enxutas e eficientes sobrevivem mais facilmente a tempos difíceis.

- Somos uma empresa voltada para as vendas e é essencial que elas nunca parem de crescer. Para tanto, o consumidor deve ser visto como rei. Transformamos dinheiro que não gera valor em dinheiro que gera valor.

- Em outras palavras, investimos no que os clientes possam ver, tocar, usar e pelo qual estejam dispostos pagar mais; todo o resto é investimento que não gera valor.

- Devemos agir rapidamente para conter custos e nos manter sempre em um ciclo de negócios positivos. Ciclos negativos nos impedem de ampliar o negócio e, eventualmente, nos obrigam a encolher.

O mundo dos negócios mudou consideravelmente nos últimos 20 anos. A forma como selecionamos os produtos e serviços que vamos consumir foi profundamente modificada pela internet e pelos aplicativos dos smartphones.

A concorrência nas diversas áreas de atuação empresarial se acentuou e algumas instituições tidas como gigantes perderam mercados consideráveis para outras empresas mais jovens, que demonstraram uma melhor capacidade de interpretação dos seus contextos de atuação.

Outro ponto fundamental das empresas que são protagonistas em seus mercados é a forma como gerenciam seus negócios, com controle profundo das suas contas e com a redução extrema de custos inúteis. Com isso, sobram mais recursos para investir nas áreas mais importantes, como vendas e marketing. Com a garantia das encomendas, o negócio torna-se sustentável e rentável.

Obviamente, a empresa deve analisar muito bem se uma economia excessiva em certos processos pode acabar gerando efeitos colaterais que serão mais difíceis e dispendiosos para resolver. Por exemplo, uma empresa de alimentos orgânicos contrata outra empresa prestadora de serviços em transportes para realizar a distribuição de suas mercadorias, e o "fator preço" foi o mais relevante para a sua escolha. Entretanto, as entregas costumam atrasar, pois os veículos utilizados são muito antigos e carentes de manutenção, apresentando sucessivas quebras.

Como estamos tratando de bens perecíveis, um único dia de atraso para a colocação nas prateleiras dos mercados faz que os produtos não demonstrem um aspecto visual de frescor, o que diminuiu sensivelmente as vendas, gerando prejuízos financeiros e de imagem à empresa. Nesse caso, tentar tornar a empresa mais enxuta por meio de uma escolha equivocada de um prestador de serviços terceirizado gerou. na verdade, prejuízos diversos.

4.1.9 TRABALHO DURO

Nunca estamos plenamente satisfeitos com nossos resultados. É essa recusa em se acomodar à situação atual que nos garante vantagem competitiva duradoura

- Buscamos sempre o próximo nível para nos mantermos à frente dos concorrentes. Uma salutar e constante "insatisfação" com os resultados obtidos motiva o progresso.

- Celebraremos nossas vitórias e reconheceremos todos os que ajudaram a alcançá-las. Mas sempre com os olhos voltados para o próximo desafio.

CULTURA EMPRESARIAL

- Nossa cultura existe e prevalece em todo lugar em que operamos, em qualquer parte do mundo. Foi ela que nos trouxe até aqui e atraiu nosso pessoal. É ela que nos levará ainda mais longe. Pessoas excelentes que não conseguem se adaptar à nossa cultura devem deixar a empresa.

- Mercados mudam, mas a cultura permanece no que diz respeito a quem somos como grupo e ao que representamos. Consistência e continuidade são fundamentais nesse aspecto, ainda que, nas áreas de marketing e vendas, a abordagem tenha de evoluir constantemente.

- Trabalho duro é crucial para superar a concorrência. Nenhuma empresa consegue ser grande se as pessoas excelentes não forem esforçadas e trabalhadoras.

De uns tempos para cá, uma série de "gurus" de internet passou a povoar as redes sociais com fórmulas mágicas para se ganhar dinheiro de forma simples e rápida, atraindo uma legião de pessoas que sonham com uma vida mais próspera. Mas vamos analisar racionalmente essas práticas: será que realmente são factíveis?

A resposta é: não! O que existe são casos isolados de empreendedores que tiveram sucesso financeiro muito rápido e que são colocados para as pessoas como se representassem uma normalidade. Para alcançar grandes resultados é necessário trabalhar muito e duro!

Para que o excesso de atividade não afete a nossa saúde física e o nosso equilíbrio emocional, precisamos transformar o trabalho em uma ação satisfatória, na qual nem percebamos que o tempo está passando. E se o seu trabalho o tem trazido tédio ou tensão acima do normal, pode ser que você não esteja na função ou na empresa certa.

Por outro lado, as empresas precisam investir em colaboradores com o perfil profissional necessário para o nível de trabalho que pretendem alcançar. Além disso, é importante criar meios que os motivem a buscar as

O QUE FAZ DIFERENÇA NA EMPRESA?

metas previamente definidas e os premiem de alguma forma simbólica ou financeira sempre que realizarem um trabalho de excelência.

É preciso reiterar também que a saúde dos funcionários é algo valioso para a empresa. Uma equipe inteira que começa a apresentar distúrbios de humor e stress é um péssimo sinal, pois, além da preocupação inicial que devemos ter com o ser humano, a tendência é que a qualidade do trabalho seja afetada e, por consequência, os resultados financeiros.

Saber dosar a capacidade de resiliência do funcionário com a carga de trabalho exigida é uma habilidade fundamental para os líderes realizarem uma gestão humanizada da cultura institucional.

O trabalho focado, dedicado e intenso, mas que respeita os limites físicos e psicológicos do trabalhador, é um fator importante para a evolução da sua carreira profissional.

CULTURA EMPRESARIAL

4.1.10 INTEGRIDADE

Não tomamos atalhos. Integridade, trabalho duro e consistência são o cimento que pavimenta nossa empresa

- Só podemos ter a melhor empresa se contarmos com a confiança e o envolvimento de todos os nossos *stakeholders*. Se for preciso, perdemos vendas para proteger marcas e reputações, isso é mais importante no longo prazo.
- Criar uma grande empresa leva tempo, é difícil e exige consistência. Ela é erguida tijolo por tijolo, dia após dia.
- Atalhos e má-fé corroem uma empresa por dentro e a destroem.
- Jamais podem ser comprometidas a segurança de nosso pessoal, a qualidade de nossos produtos e a singularidade da experiência oferecida a nossos consumidores.

Oriunda de palavra grega *integritate*, integridade significa "a qualidade de uma pessoa que não foi corrompida, cuja postura é ética, firme, educada, honrosa e valorosa". O Grupo Ideal Trends gosta de utilizar essa palavra, pois ela reúne vários significados altamente importantes no interior de sua cultura institucional.

Empresas cuja conduta estiver longe desses princípios até podem sobreviver com ótima lucratividade por um certo tempo, mas estão fadadas ao insucesso e desmoralização no médio e longo prazo. Apesar de uma certa descrença da população no aparato da justiça, é evidente que na última década vários empresários e administradores foram investigados, julgados e presos por algum tipo de conduta imoral e criminosa em suas ações.

A falta de integridade, mais cedo ou mais tarde, abalará as bases da empresa, que terá a sua marca jogada na lata de lixo justamente pelas pessoas que mais deveria prezar: seus consumidores. A clientela de uma

O QUE FAZ DIFERENÇA NA EMPRESA?

empresa é o seu bem mais precioso, pois a aceitação que ela faz dos produtos possibilita à empresa se manter e expandir.

Quando uma instituição não corresponde com as expectativas de retidão conceitual, técnica e ética em suas ações, os consumidores se sentem altamente traídos, pois quando eles optam por sua mercadoria, eles estão estabelecendo um voto de confiança e uma parceria com a empresa.

A escolha por determinados produtos pode passar de geração em geração e isso acaba fazendo parte da cultura das famílias. Agora imagine que um produto desses recebe uma denúncia comprovada de utilização de substâncias nocivas à saúde humana, que causa desmatamentos sem controle em áreas de proteção ambiental ou que utiliza mão de obra infantil ou escrava.

Situações como essa podem pôr fim à empresa ou, no mínimo, ela terá que investir milhões de reais em peças publicitárias para resgatar a credibilidade de outrora. Além disso, muitas empresas são punidas judicialmente com multas extremamente onerosas, que podem comprometer seus resultados.

Dependendo do porte da empresa, não são apenas os consumidores que lhe abandonam, mas também os seus acionistas, comprometendo-a de maneira rápida e muitas vezes irreversível. Ao final, ela pode acabar sendo vendida por um valor muito abaixo do mercado, incorporada por outra empresa ou tornar-se uma massa falida até que resolva suas pendências legais.

Confiança do mercado, envolvimento em causas justas, reputação ilibada, consistência no crescimento, segurança dos colaboradores, qualidade de produtos e serviços e singularidade na experiência do consumidor compõem o conceito de integridade do Grupo Ideal Trends.

4.2 VIVA A CULTURA DA SUA EMPRESA

Existem basicamente duas possibilidades para a apresentação de uma cultura institucional:

- uma de tipo insossa, difícil de perceber, que não cativa os colaboradores e não cria uma identidade positiva para a instituição;
- outra de um tipo vibrante, facilmente perceptível aos colaboradores e altamente marcante, imprimindo uma identidade facilmente visível para a empresa.

Obviamente, a segunda possibilidade é a única capaz de sustentar o crescimento de uma empresa, pois fará que os colaboradores atuem como verdadeiros soldados da paz lutando por uma causa nobre. Empresas com forte cultura institucional não são espaços para colaboradores mornos, pois eles não conseguiriam sobreviver nem por uma semana tendo que atuar fora de suas características.

Na verdade, colaboradores com um perfil passivo provavelmente nem seriam contratados, pois já seriam detectados no processo de seleção. Mas, se por um descuido do entrevistador fossem escolhidos, das duas, uma: ou realmente não aguentariam por muito tempo o ritmo e a profundidade da imersão exigida para a sua função, ou rapidamente captariam a necessidade de agarrar a melhor oportunidade de suas vidas.

Uma cultura institucional vibrante estimula os funcionários a alcançarem um estado altamente produtivo, o qual o psicólogo polonês Mihaly Csikszentmihalyi (2020) definiu como **estado de fluxo**.

O estado do fluxo é composto por nove dimensões/características dentro das empresas:

1. harmonia entre o desafio no qual o colaborador está envolvido e sua capacidade de responder a ele de forma adequada;
2. concentração intensa na tarefa e no presente;
3. total clareza sobre o objetivo a ser atingido e o que é necessário fazer para alcançá-lo;
4. *feedback* claro e imediato dos gestores, fundamentado por indicadores efetivos, nos quais os colaboradores percebem claramente como está seu desempenho na tarefa;

5. envolvimento intenso e profundo, tornando as ações dos colaboradores totalmente espontâneas e automáticas: enquanto está trabalhando, o colaborador simplesmente não pensa em si, tamanha a sua imersão na atividade;

6. percepção de estar no controle total das situações e a ausência de preocupação de que isso se perca;

7. inexistência de preocupações externas ao ambiente da empresa durante a sua jornada de trabalho;

8. perda da noção do tempo – os colaboradores relatam que não percebem a passagem do tempo enquanto exercem suas atividades;

9. a experiência do trabalho é recompensadora por si só, o que envolve um sentido de apreciação profunda da atividade.

Cada uma dessas características pode ocorrer em intensidades diferentes, sendo que, simultaneamente, algumas delas podem ser alcançadas e outras não. O estado de fluxo total, quando as nove características são exercidas em seu grau máximo é um estágio raro, geralmente obtido por atletas que conseguem executar uma apresentação perfeita e irretocável em seus esportes.

Como exemplo de imersão total no estado de fluxo, podemos citar a participação da ginasta romena Nádia Comaneci em 18 de julho de 1976, durante as Olimpíadas de Montreal. Em sua apresentação, ela conseguiu executar e finalizar todas as séries de maneira impecável, combinando com perfeição sua graça corporal e sua técnica, de uma forma jamais vista. Comaneci foi a primeira ginasta a receber nota 10 na história da ginástica artística.

Em se tratando de desempenho laboral, reunir simultaneamente algumas das características do estado de fluxo já revela uma grande capacidade de realização por parte do colaborador, além de revelar uma cultura institucional que favorece essa condição.

4.3 VALORIZE SEUS TALENTOS

Uma pesquisa em escala global do Instituto Gallup com mais de 1,7 milhão funcionários em 101 empresas de 103 países, realizou a seguinte pergunta: "Em seu trabalho, você tem a oportunidade de fazer todos os dias o seu melhor? A estatística da resposta foi surpreendente: somente 20%

A INTEGRIDADE
É A BASE PARA
QUALQUER RELAÇÃO
HUMANA SAUDÁVEL
E DURADOURA.

@josepaulogit

dos entrevistados consideraram que seus pontos fortes são explorados nas organizações onde trabalham.

E, quanto mais tempo um funcionário permanece em uma empresa, mais ele considera que passa a ser subutilizado em suas melhores competências. Em outra perspectiva, as empresas trabalham somente com 20% da capacidade técnica e operacional disponível, se levarmos em conta que estes trabalhadores já estão contratados e locados na empresa.

O que aconteceria se as empresas apenas duplicassem esse índice, passando a ter 40% dos trabalhadores considerando que utilizam da melhor forma todas as suas capacidades? E se esse valor triplicasse? Certamente, os resultados da empresa seriam potencializados de forma equivalente.

Essa pesquisa do Instituto Gallup chegou a outras conclusões sobre o sistema de crenças vigente nas empresas:

1. uma pessoa pode desenvolver competência em quase tudo por meio de processos educativos.
2. o maior potencial de crescimento de um trabalhador está em seus pontos profissionais mais fracos.

Essas crenças fazem que as empresas tenham de investir constantemente no treinamento dos funcionários para que se tornem aptos a exercer certas funções e atividades, o que gera um aumento considerável dos custos. Porém, mesmo com esses investimentos, nem sempre o funcionário consegue desenvolver uma proficiência desejada e no tempo adequado, fazendo que a empresa tenha de empregar mais recursos em demissões e novas contratações.

Essa conjuntura descrita nos faz refletir sobre uma outra perspectiva de crenças possível:

3. os talentos das pessoas são permanentes e característicos.
4. o maior potencial de desenvolvimento de cada pessoa está justamente nas áreas onde possui seus pontos mais fortes.

Para ilustrar melhor essa reflexão, vamos imaginar a seguinte situação: se o recordista dos 100 e 200 metros rasos, o jamaicano Usain Bolt, tivesse optado em sua infância por começar a treinar futebol, teria se tornado um jogador com a mesma relevância que teve no atletismo? A resposta é: provavelmente não. Podemos chegar a essa conclusão devido às suas características físicas e a sua grande altura (1,95 m) que não facilitariam o

CULTURA EMPRESARIAL

desenvolvimento da habilidade com os pés e, também, da movimentação rápida em pequenos espaços, algo que é muito importante no futebol. Tanto isso é verdade que, durante as corridas, ele costumava ficar atrás dos seus adversários durante a primeira metade da prova.

Portanto, chegamos à conclusão de que muitos funcionários que poderiam ser um "Usain Bolt" em determinada função estão praticando algo muito aquém da sua potencialidade numa função inadequada. É possível também o funcionário estar posicionado em sua função ideal, mas a estrutura rígida e excessivamente hierárquica da empresa lhe tirar a possibilidade de render o seu melhor.

Chegamos à conclusão de que, para valorizar os talentos em uma empresa, não basta somente a promoção de elogios e premiações. Antes de tudo, devemos libertá-los das travas burocráticas que os fazem render abaixo dos seus potenciais. Um funcionário que sente a evolução diária de suas capacidades atuará muito mais motivado, elevará a qualidade técnica e operacional do trabalho realizado e potencializará os resultados da empresa.

Quando estendemos essa premissa ao conjunto de todos os funcionários de uma organização, podemos ter um crescimento exponencial da qualidade do trabalho em um curto espaço de tempo, pois estamos explorando aquilo que já é forte em cada um deles.

Explorar o desenvolvimento dos pontos que já são fortes em cada funcionário é algo que pode ser uma meta dentro de um processo de mudança de cultura institucional.

O QUE FAZ DIFERENÇA NA EMPRESA?

E você, caro leitor: já parou para pensar sobre quais são os seus pontos mais fortes? Marque **cinco** das características listadas a seguir, as quais acredita serem seus maiores potenciais, e justifique a escolha de cada uma delas, por meio de um breve relato de uma situação prática vivida.

	Adaptabilidade – capacidade de se adaptar a diferentes situações no trabalho
	Carisma – capacidade de encantar quem o cerca
	Analítico – capacidade de analisar e encontrar as melhores alternativas
	Comando – capacidade de dirigir pessoas e processos
	Competitividade – capacidade de alcançar objetivos
	Comunicação – capacidade de trocar informações com outras pessoas
	Conexão – capacidade de se conectar facilmente com pessoas e novos projetos
	Disciplina – capacidade de seguir métodos fielmente
	Empatia – capacidade de se posicionar no lugar dos outros
	Estudioso – capacidade de buscar informações e conhecimentos
	Foco – capacidade de imersão total em uma atividade
	Futurista – capacidade de projetar situações e acontecimentos
	Ideativo – capacidade de ter ideias em profusão
	Harmônico – capacidade de se integrar em diferentes lugares com diferentes pessoas
	Imparcialidade – capacidade de ouvir e compreender diferentes pontos de vista
	Inclusão – capacidade de mobilizar diferentes perfis de pessoas
	Organização – capacidade de gerenciar processos por meio de métodos
	Intelectualidade – capacidade de usar a razão e o conhecimento
	Pensamento estratégico – capacidade para encontrar soluções para problemas complexos
	Positividade – capacidade de manter o otimismo

CULTURA EMPRESARIAL

	Poder de realização – capacidade de transformar ideias em ações
	Relacionamento – capacidade de interagir com outras pessoas
	Responsabilidade – capacidade de cuidar e zelar por algo
	Resiliência – capacidade de resistir às pressões do meio em que atua

	Característica	Justificativa
Exemplo	Foco	Na empresa onde trabalho, consegui concluir um relatório bastante complexo, mesmo com o barulho excessivo do escritório.
1		
2		
3		
4		
5		

Experiência Ideal Trends

Para o Grupo Ideal Trends, a contratação de novos colaboradores é um dos atos mais importantes da empresa, pois consideramos que a qualidade profissional do candidato responde por 90% dos seus resultados futuros, e apenas 10%, corresponde à forma como ele será dirigido e orientado.

Uma passagem bíblica nos traz uma riquíssima reflexão sobre isso. Em Lucas 6:44, lemos: "Você conhece uma árvore pelos frutos... E pelos frutos você conhece as obras...". Jesus tinha 12 discípulos e 10 deles deram suas próprias vidas pela missão de disseminar a palavra do Mestre e, hoje, existem mais de 2,4 bilhões de cristãos espalhados pelo mundo! Dessa forma, podemos considerar o Nazareno como o maior **líder e contratador dos últimos tempos**!

Para tornar o processo de contratação mais claro e assertivo, o Grupo utiliza três pilares:

- **integridade** – os colaboradores devem ser pessoas honestas, sinceras, autênticas, verdadeiras e implacavelmente éticas.

    Perguntas essenciais: seu comportamento é alinhado com o seu discurso? Transmite sinceridade ao se comunicar? Possui coerência em suas ideias? Possui uma vida pessoal ética? Consegue transmitir uma boa essência em seu ser? Transmite ser uma pessoa correta e do bem? Reconhece as suas próprias falhas e limitações? Possui humildade ao ouvir o outro? É aberto a novas práticas e conhecimentos?

- **inteligência** – Segundo Howard Gardner (1995), existem diversos tipos de inteligência e não só a inteligência lógico-matemática, como muitos pressupõem. E no Grupo, é fundamental reconhecer o tipo e o nível de inteligência para cada cargo oferecido.

    Perguntas essenciais: possui conhecimento e habilidades técnicas necessárias para a função pretendida? Ao faltar alguns desses pré-requisitos no transcorrer do trabalho, possui a disposição e a capacidade de aprender rápido?

- **energia** – é o elemento que faz um profissional agir com intensidade, sendo um dos principais aspectos da produtividade. É uma predisposição física e mental canalizada para fazer as coisas acontecerem a partir da tomada de partido individual. Não podemos confundir com a hiperatividade, pois tem a ver com a atitude.

    Perguntas essenciais: essa pessoa demonstra energia durante seu processo seletivo? A análise do currículo e a entrevista permitem detectar o nível de energia que empregou nas experiências passadas?

CULTURA EMPRESARIAL

O momento de contratação é considerado chave no Grupo Ideal Trends. Colaboradores que não se encaixam, atrasam o alcance das metas da empresa e dificultam a vida os colaboradores engajados.

Uma questão extremamente importante diz respeito à necessidade da apresentação dessas três qualidades em qualquer candidato, pois mesmo que uma ou duas dessas qualidades superem as expectativas, a ausência de apenas uma proporciona um perfil não condizente com os pressupostos do Grupo. Observe a tabela a seguir:

+ Integridade	+ Inteligência	- Energia	BAIXO RESULTADO: funcionário não coloca as funções em prática/moroso/baixa energia para realizações/falta de ação, motivação e atitude.
+ Integridade	- Inteligência	+ Energia	MUITA AÇÃO SEM RESULTADO: muita correria e esforço sem direção e estratégia, causando muitas falhas e necessidade de retrabalho.

- Integridade	+ Inteligência	+ Energia	CORRÓI E DESTRÓI A EMPRESA POR DENTRO: funcionário usa sua inteligência em benefício próprio e não para a empresa e coletividade. Procura levar vantagem em todas as ações, interesses pessoais se sobrepõem aos interesses institucionais, costuma tomar atalhos, cria intrigas com facilidade, divide as equipes, atua de maneira dissimulada e mentirosa.

ETAPAS PARA A CONTRATAÇÃO

Uma das principais funções do líder é a seleção de colaboradores que realmente possam somar à empresa. Essa escolha deve ser criteriosa, pois, caso contrário, pode trazer consequências muito negativas à empresa. Para evitar esse problema, elencamos os critérios e as fases que todos os candidatos devem superar para que tenham suas contratações efetivadas.

a) **Traçar o perfil ideal:**
   - experiência necessária, faixa de idade adequada, local de moradia facilitador;
   - crenças (princípios e valores);
   - conhecimentos e recursos (ferramentas que utiliza em suas atividades intelectuais);
   - conhecimento e domínio dos conceitos de marketing digital, processos, vendas, modelagem financeira etc.;
   - habilidades: idiomas, capacidade de comunicação, negociação, liderança etc.;

- comportamentos esperados (cultura): exemplos, atitudes, iniciativas, facilidade de lidar com as pessoas, nível de energia, bom humor etc.

b) **Buscar candidatos com maior aderência ao perfil ideal, de preferência 100%:**
- as características pessoais devem estar alinhadas com função a ser desempenhada. (caso contrário, corremos o risco de contratar advogados que não sabem escrever; técnicos financeiros que não gostam de matemática etc.).

c) **Raio-X da alma:**
- encontrar os valores da empresa no colaborador.

d) **Alinhamento das atribuições com o líder imediato:**
- boas-vindas ao candidato, declaração da missão, apresentação das atividades principais, dinâmica de trabalho dia a dia e entregáveis;
- alinhamento com a cultura organizacional, esclarecendo os comportamentos esperados.

e) **Contratação, *feedbacks*:**
- contratação lenta e atenciosa;
- acompanhamento e *feedbacks* sistemáticos (são as ferramentas mais poderosas e assertivas do líder para o desenvolvimento das pessoas, pois vão direto aos pontos a serem desenvolvidos);
- tornar referência para todo o grupo o desempenho dos colaboradores "campeões".

O QUE AVALIAMOS NO CANDIDATO?

As indagações de Robert Wong (2014), fundador, sócio e CEO da Robert Wong Consultoria Executiva, considerado pela revista *The Economist* um dos 200 mais destacados *hea-*

O QUE FAZ DIFERENÇA NA EMPRESA?

dhunters do mundo, são balizadoras para as contratações no Grupo Ideal Trends:

6. *"Eu compraria um carro usado desse candidato?".* Esse questionamento auxilia a avaliar se esta pessoa transmite a credibilidade necessária para a função, ou seja, se ela "não vai trocar gato por lebre".

7. *"Eu traria essa pessoa para meu círculo íntimo de amizade?".* Em outras palavras, apresentar essa pessoa para a família e amigos próximos ou poder revelar sentimentos e segredos pessoais a ela significa que podemos confiar em suas atitudes de uma maneira profunda.

8. *"Se ficarmos presos num elevador e eu tivesse que ficar confinado por três horas com essa pessoa até sermos resgatados, eu me sentiria confortável por todo esse tempo ou me sentiria vivendo um inferno a partir dos primeiros cinco minutos?".* Essa indagação está relacionada com o conforto que esta pessoa gera aos demais, proporcionando uma convivência leve, amistosa e enriquecedora.

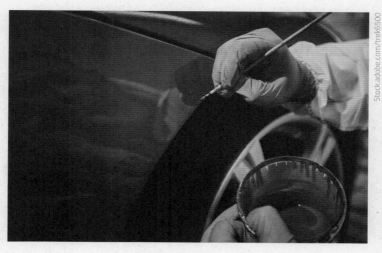

Quando alguém vende um carro, dificilmente informa seus defeitos, mas deveria. A mesma lógica deve existir na conduta de um candidato a uma vaga de trabalho: é justo que a empresa tenha acesso a informações pertinentes.

PREPARAÇÃO E ENTREVISTA

A preparação é o momento em que o candidato já está apto para o processo de seleção e todas as informações prévias devem estar presentes em seu currículo para que a entrevista seja a mais assertiva possível:

- avaliar se os dados pessoais preenchidos na ficha conferem com o documento (RG e CPF);
- pesquisar no Google o nome do candidato(a) + Jusbrasil ("João da Silva" Jusbrasil), mostrando se ele tem algum tipo de processo que possa desaboná-lo.

A entrevista é o momento em que obtemos as informações da terceira etapa de contratação: o "raio-X da alma":

- avaliar qual o tempo que o profissional ficou parado entre um emprego e outro (perguntar na entrevista: *"observei que da empresa A para a empresa B teve um intervalo e 6 meses, 1 ano, o que você fez neste período?"*). Com isso, é possível perceber se o candidato fez algum curso de capacitação e aprimoramento, por exemplo;
- avaliar se o(a) candidato(a) colocou o telefone e o contato da empresa anterior (se não colocou, é importante questionar na entrevista);
- observar os motivos da saída, pois muitos colocam que foram buscar novos desafios, mas nem sempre essa foi a realidade (na empresa onde trabalhava não havia possibilidade de crescimento na carreira?);
- começar com perguntas pessoais: *"Estava olhando sua ficha e você mora em Santo Amaro, que bacana, conheço lá!"*. A partir disso, deixar fluir a conversa, contribuindo assim para "quebrar o gelo" e deixar o candidato mais à vontade, facilitando conhecê-lo em um estado de normalidade emocional (uma entrevista muito formal torna as respostas mais breves e controladas).

TIPOS DE PERGUNTAS E RESPOSTAS ESPERADAS

INFORMAÇÕES PESSOAIS:

- perguntar sobre a família do candidato e observar as reações. Em geral, se possui uma relação harmônica com a família, tenderá a se comportar da mesma forma com os colegas da empresa.

- perguntar quais os sonhos pessoais e profissionais, o que o motiva (esta pergunta é comum, portanto, é necessário estar atento e sensível para observar se tem alguma conexão com nossos princípios).

- perguntar sobre o que mais gosta de fazer nos horários livres e nos finais de semana, buscando conhecer um pouco melhor sobre seus hábitos.

INFORMAÇÕES PROFISSIONAIS:

- observar se o(a) candidato(a) faz comentários exagerando o uso da primeira pessoa: "*eu fiz, eu consegui, eu sempre bati meta*" (isso pode indicar uma dificuldade em realizar trabalhos em equipe e uma necessidade grande de massagear o próprio ego, demonstrando imaturidade emocional).

- começar a falar sobre a vida profissional, pedir para o candidato comentar um pouco sobre sua trajetória: "*Vi que você começou sua carreira na empresa X, como foi essa experiência?*". Outras perguntas são bastante pertinentes: "*Como seu ex-empregador te descreveria?*", "*Que tipos de feedbacks você recebeu dos seus últimos líderes?*", "*Quais pontos críticos você acredita precisar melhorar?*", "*O que você acha que sua empresa anterior deveria melhorar?*". Dessa forma, é possível perceber se o candidato consegue dosar de maneira adequada e equilibrada uma visão crítica adequada e necessária ao trabalho bem-feito *versus* a postura ética de não expor as particularidades e segredos das empresas que trabalhou anteriormente.

INFORMAÇÕES SOBRE HABILIDADES E CONHECIMENTOS:

- simular uma atividade comum na área de atuação pretendida pelo candidato, envolvendo alto grau de desafio e dificuldade, ex.:

    - Vendedor → simular uma venda a um cliente pouco interessado no produto.

    - Cobrança → simular uma cobrança de um cliente agressivo.

    - Atendimento → simular uma tentativa de reversão de cancelamento de serviço.

    - Redator → como organizar as ideias a partir de uma situação-problema.

    - Programador → como desenvolver o raciocínio para criar um código.

EMPRESAS COM FORTE CULTURA INSTITUCIONAL NÃO SÃO ESPAÇOS PARA COLABORADORES MORNOS, POIS ELES NÃO CONSEGUIRIAM SOBREVIVER NEM POR UMA SEMANA TENDO QUE ATUAR FORA DE SUAS CARACTERÍSTICAS.

@josepaulogit

5 EQUIPE REMOTA, E AGORA?

A pandemia do novo coronavírus trouxe uma série de novos desafios para a humanidade. Um deles foi a questão da manutenção das atividades nos ambientes de trabalho, posto que, principalmente no início da crise sanitária, a ciência ainda não tinha todas as respostas sobre a forma de contágio. Com isso, o isolamento social foi considerado o meio mais seguro para evitar a disseminação do vírus e, por consequência, para proteger da vida das pessoas.

Para evitar que as atividades fossem paralisadas, diversas empresas instituíram o trabalho remoto, pelo qual o funcionário poderia manter as suas atividades profissionais na modalidade "*home office*". Isso foi possível graças ao nível de conectividade existente, pois grande parte das pessoas possui em suas residências computador, *tablet* ou aparelho celular conectado a uma rede de internet banda larga.

Até por volta de 2010, no Brasil, a média de velocidade de tráfego na internet dos serviços residenciais era muito baixa e seria muito difícil utilizá-los, por exemplo, para a realização de videochamadas com vários participantes. Felizmente, na época da crise, o avanço tecnológico já havia possibilitado resolver esse entrave, e a disponibilização de vários softwares e aplicativos auxiliou bastante a comunicação entre as pessoas.

CULTURA EMPRESARIAL

Várias empresas de tecnologia passaram a oferecer ferramentas gratuitas para vídeo chamada ou videoconferências, facilitando o trabalho em grupo.

Obviamente, já estávamos utilizando essa tecnologia há algum tempo, mas somente com a crise passamos a ser altamente dependentes dela. Se utilizávamos as videoconferências quando os participantes estavam locados em diferentes estados ou países, passamos a usar essa tecnologia para estabelecer comunicação com pessoas que vivem em uma mesma cidade.

Com o aumento dos índices de vacinação na população brasileira, associado a cuidados como o uso de máscaras, distanciamento mínimo entre as pessoas e uso de álcool em gel nas mãos, muitas empresas retomaram o trabalho presencial.

Porém outra parte das empresas resolveu manter o trabalho remoto para as funções em que isso é possível, como as áreas de marketing, vendas, recursos humanos, contabilidade, projetos etc. Obviamente, áreas como linhas de montagem, manutenção e operação logística não se encaixam nessa possibilidade, pois são atividades obrigatoriamente presenciais.

Muitas empresas continuarão a adotar o trabalho remoto mesmo com o final da pandemia, pois perceberam que conseguiram manter a qualidade do trabalho que era realizado presencialmente até então. Além disso, as empresas conseguiram reduzir muitos custos, como água, energia elétrica, alimentação, segurança, transporte de funcionários etc.

Outro aspecto a ser levado em consideração é que o trabalho remoto facilita a contratação de excelentes colaboradores em qualquer lugar onde eles vivam, pois o trabalho presencial quase sempre limita as contratações de profissionais que vivem na cidade ou no entorno de onde está localizada a empresa. Além disso, nem sempre há uma mão de obra qualificada nesse entorno e a retirada das barreiras geográficas facilita a busca de colaborares que se encaixarão com maior perfeição à função ofertada.

Outros benefícios indiretos do trabalho remoto causam impactos positivos para a sociedade e para o meio ambiente, como por exemplo a redução dos deslocamentos até os locais de trabalho, o que diminui o consumo de combustíveis fósseis e, por conseguinte, a emissão de gases tóxicos e causadores do efeito estufa.

Associada a essa questão, temos também a diminuição de congestionamentos no trânsito urbano, em especial nos horários de pico, tornando as cidades menos caóticas e melhorando a qualidade de vida da população, principalmente daqueles trabalhadores que residem mais distantes dos seus locais de trabalho.

Milhares de trabalhadores gastam algumas horas do seu dia somente nos deslocamentos casa-trabalho/trabalho-casa, aumentando seu nível de estresse e o risco de acidentes. Além disso, com o trabalho remoto, esse tempo utilizado nos deslocamentos pode ser aproveitado de forma mais nobre, proporcionando situações para a melhoria da harmonia no lar, passeios com a família, cuidados com a saúde, resolução de situações particulares, prática de esportes e demais formas de lazer, realização de cursos, tempo para leitura e estudo etc.

Como tudo na vida, o trabalho remoto também tem suas limitações e pode proporcionar alguns efeitos negativos, tanto para os trabalhadores quanto para as empresas. Em geral, pessoas gostam de estar perto de outras pessoas e o trabalho remoto pode se tornar muito monótono e solitário.

Além disso, participar de reuniões por videoconferência tende a ser muito mais entediante e desgastante em comparação com a mesma reunião na hipótese de ela ocorrer de forma presencial. Nossa humanidade é mais contemplada quando estamos juntos, olhando nos olhos dos nossos semelhantes, compartilhando dos mesmos cheiros presentes no espaço, interagindo com falas, olhares e gestos sem o *delay* das transmissões síncronas por internet.

Para as empresas, é possível que ocorra uma desmobilização dos colaboradores em relação à cultura institucional, justamente por eles não a estarem vivenciado de forma comunitária e cotidiana. Outro aspecto é que os líderes perdem a possibilidade de fazer uma leitura mais apurada da linguagem facial e corporal dos seus liderados, o que facilita bastante a percepção do estado emocional do colaborador: se estão com dúvidas, se estão motivados, se estão preocupados etc.

No dia a dia das empresas, geralmente construímos laços de afeto, coleguismo e amizade com os demais colaboradores, seja no cafezinho do meio dos turnos, nas conversas no refeitório, nos momentos descontraídos do trabalho etc. Alguns gestores mais resistentes podem enxergar essas situações de maneira equivocada, interpretando que se deve evitar a criação de laços de afeto entre as pessoas, por julgar que isso pode prejudicar a qualidade do trabalho.

Porém, quando esses laços são estabelecidos de forma madura, eles só tendem a contribuir com a cultura institucional e com a qualidade do trabalho, pois esse contexto de humanização é muito benéfico para o rendimento individual e coletivo. Portanto, o trabalho remoto dificulta e criação desses laços, que não são apenas entre pessoas, mas também entre pessoas e a instituição, principalmente para os colabores recém-contratados.

Para os colaboradores em trabalho remoto, novas situações que surgem em seu próprio lar também podem desencadear distúrbios em seu comportamento. Não é porque estamos conectados e em horário de trabalho que os problemas deixam de acontecer em nossas casas. Filhos em ensino remoto e entediados com o isolamento, companheiro(a) insatisfeito(a) com a relação e conflitos diversos desencadeados pela convivência forçada em pequenos espaços foram situações bastante relatadas nesse período.

Por exemplo, segundo levantamento do Colégio Notarial do Brasil – entidade representativa dos cartórios brasileiros – o número de divórcios cresceu 24% em 2021 (segundo ano da pandemia), indicando uma dificuldade dos casais e das famílias em conviver juntos por muito tempo diante das várias incertezas relacionadas aos efeitos da doença, do aumento do desemprego e do custo de vida (OLIVEIRA, 2021).

EQUIPE REMOTA, E AGORA?

Várias pesquisas realizadas pelo mundo também indicaram os malefícios da diminuição da vida social dos indivíduos, que acabou aumentando os conflitos entre as pessoas que convivem na mesma unidade habitacional. Obviamente, uma gama vasta de problemas acabou impactando o rendimento de muitos funcionários no Brasil e no mundo afora.

Portanto, concluímos que existem pontos positivos e negativos no trabalho remoto, tanto para as instituições quanto para as pessoas que nelas trabalham e orbitam. Reunimos eles no quadro a seguir:

	Pontos positivos	Pontos negativos
Empresas	Colaboradores costumam ter acesso à internet e equipamentos na própria casa. Várias funções não precisam ser presenciais. Redução de custos operacionais. Manutenção da qualidade do trabalho. Contratação de excelentes colaboradores sem barreiras geográficas. A empresa contribui indiretamente para a melhoria da qualidade de vida e das condições ambientais urbanas.	Desmobilização dos colaboradores em relação à cultura institucional. Dificuldade dos colaboradores em manter a qualidade que apresentavam na modalidade presencial. Dificuldade dos gestores para interpretar as dificuldades dos colaboradores. Dificuldade para formar um "espírito de equipe entre os colaboradores".
Colaboradores	Diminuição dos custos de transporte e vestuário. Mais tempo para atividades pessoais, relacionadas ao lazer individual e em família. Mais liberdade com relação ao uso do tempo.	Sensação de solidão pela necessidade de interagir presencialmente e em grupo. Dificuldade de concentração devido aos acontecimentos cotidianos do lar. Reuniões por videoconferências geralmente são monótonas e desgastantes.

Como já foi dito, há uma clara tendência de o trabalho remoto continuar tendo a adesão de várias empresas do Brasil e do mundo, principalmente as do ramo de tecnologia digital. Nos próximos itens, vamos abordar essa tendência sob a perspectiva da cultura organizacional, de forma a minimizar os pontos negativos e maximizar os pontos positivos do trabalho pelas equipes remotas.

5.1 MANTENHA CONTATO COM O SEU TIME

Por mais de 60 milhões de anos, fomos uma espécie com uma forma de vida "analógica" e, somente nos últimos 20 anos, passamos a ter interações digitais. Sob outro ponto de vista, numa escala de comparação anual, é como se a humanidade tivesse vivido do mesmo jeito desde às 00h00 de primeiro de janeiro e mudado sua forma de comportamento nos últimos minutos do dia 31 de dezembro.

A verdade é que nossa forma de vida foi tão alterada pelas tecnologias digitais, que os especialistas ainda não sabem ao certo quais consequências teremos daqui para a frente, tanto sobre a resposta físico-química dos nossos organismos, quanto sobre as questões psicológicas, emocionais e culturais da sociedade.

Em toda a Pré-História, a inserção do indivíduo na cultura do seu grupo se deu de maneira presencial. Os indivíduos mais velhos dos clãs transmitiam suas habilidades e conhecimentos de forma prática, sem a noção consciente de estar educando alguém. Os mais novos aprendiam pela simples observação dos mais velhos, numa espécie de cópia do comportamento dos mais experientes.

A invenção da imprensa de Gutemberg no século XV mudou drasticamente a forma como se produzia e propagava a cultura, pois agora a disponibilização de livros em série permitia a difusão de ideias em diferentes locais do mundo em um tempo mais curto. Entretanto, por um longo período, apenas uma mínima parcela da população era alfabetizada e a difusão das ideias se dava de forma mais indireta, com a influência dos leitores sobre os não leitores.

A chegada dos europeus nas Américas também iniciou grande movimento de trocas culturais entre diferentes povos e, infelizmente, também promoveu o extermínio de vários deles, além do desaparecimento de saberes milenares desses povos ancestrais.

Ainda temos uma constituição biológica cerebral com poucas alterações e continuamos a aprender com as formas mais antigas presentes na cultura humana. O desafio agora é que temos distâncias físicas e telas separando as pessoas, além de um intercâmbio cultural, que nos mostram tendências e costumes de diferentes partes do globo.

Manter a cultura empresarial forte e dinâmica, influenciando todos os funcionários, é algo que desafia os líderes quando o trabalho remoto se torna uma regra.

Mas afinal, é possível interagirmos de maneira satisfatória remotamente? Sem dúvida é muito possível. A tela em si não é um problema, até porque, quando estamos vendo um filme, seja no cinema ou na televisão, é perfeitamente possível sentirmos várias emoções, mesmo que estejamos falando de uma produção ficcional. Sentimentos como alegria, tristeza, medo, compaixão, raiva, rancor etc. são sentidos pelos telespectadores e, não raro, podemos nos emocionar e até chorar nas cenas mais dramáticas.

Então, não é porque os colaboradores interagem por uma tela que teremos um ambiente frio e distante no trabalho. Porém, é muito comum que as pessoas fiquem mais contidas nas reuniões e é importante que o líder dê o toque de informalidade que deseja para poder mudar essa situação. A tendência é que os colaboradores se sintam mais confortáveis e confiantes e passem a interagir de uma forma mais amistosa e intensa.

CULTURA EMPRESARIAL

Aplicativos de comunicação instantânea como o WhatsApp e o Telegram permitem a interação entre duas ou mais pessoas nos grupos, disponibilizando funcionalidades bem úteis e interessantes, como o envio de imagens, documentos, sons, textos e, sempre eles: os memes e as figurinhas!

Obviamente, um grupo profissional nesses aplicativos deve conservar certos códigos de conduta, para que as postagens não descambem para coisas inúteis e, muito menos, gerem atritos de ordem política, religiosa, étnica, de gênero etc. entre os participantes. Para tanto, a atuação de um moderador firme e atuante no grupo é fundamental para que sua real função seja respeitada.

Assim como na "vida real", em que temos momentos que exigem foco, concentração, seriedade, desprendimento e formalidade, outros momentos podem ser mais leves, descontraídos e informais. Quando alcançamos as metas ou algo relevante foi conquistado no âmbito da empresa, é importante sempre celebrarmos o fato, pois este ato gera um sentimento muito forte de união e coleguismo, reforçando os laços afetivos que sustentam a identidade coletiva estabelecida com a instituição.

Apenas é preciso ter cuidado com a relevância das informações repassadas, pois elas podem ser inconvenientes para alguns integrantes. Por exemplo, um grupo de WhatsApp possui cerca de 60 integrantes dos 10 times regionais de vendas existentes na empresa. Porém, apenas uma dessas equipes alcançou as metas estabelecidas e, assim, passou a celebrar a conquista.

O problema é que as demais equipes, embora estivessem trabalhando arduamente, estavam longe de alcançar as metas devido a problemas externos, relacionados a uma crise financeira nas regiões de atuação. Nesse caso, a celebração de uma equipe pode gerar situações negativas que, ao invés de reforçar a coesão, acaba gerando revolta e desintegração no grupo.

Importante também é que sejam respeitados os horários de atividade combinados com os trabalhadores em relação à utilização profissional desses aplicativos. Sem dúvida, algumas informações precisam ser repassadas em caráter emergencial fora do horário comercial ou estabelecido, relacionadas a problemas graves e urgentes nas sedes das empresas, imprevistos com colaboradores, situações ocorridas em viagens e outros deslocamentos dos profissionais etc.

Uma forma interessante de manter a integração do time quando o trabalho remoto é compulsório, é realizar encontros presenciais sistemá-

ASSIM COMO NA "VIDA REAL", EM QUE TEMOS MOMENTOS QUE EXIGEM FOCO, CONCENTRAÇÃO, SERIEDADE, DESPRENDIMENTO E FORMALIDADE, OUTROS MOMENTOS PODEM SER MAIS LEVES, DESCONTRAÍDOS E INFORMAIS.

@josepaulogit

ticos ou sempre que for possível. Por exemplo, se o time trabalha remotamente, mas todos residem em uma mesma cidade, é possível articular um dia na semana, na quinzena ou no mês para que todos possam se encontrar e trabalhar juntos.

Esses momentos são bastante importantes para a construção de planejamentos, discussões sobre as metas e estratégias, delimitação dos pontos fortes e fracos do trabalho etc. Nesses dias, porém, é bastante importante que as atividades sejam integrativas, pois não há sentido em manter cada colaborador atuando em sua própria célula – eles já fazem isso no trabalho remoto.

No exemplo apresentado anteriormente, relativo ao grupo de vendas da empresa, é possível organizar o trabalho com um grande encontro inicial com a participação dos 60 profissionais, no qual o líder apresentará a metodologia e os objetivos dos trabalhos do dia. Depois, é possível intercalar atividades com cada um dos 10 grupos regionais de venda ou, também, intercalar membros desses diferentes grupos, a fim de trocarem percepções e experiências sobre o trabalho que desenvolvem em suas diferentes regiões.

Repare que a utilização dessas metodologias de trabalho permite que a cultura institucional seja vivenciada e compartilhada sob vários aspectos e escalas. Se isso não for feito, corre-se o risco de que cada equipe regional crie sua própria cultura, tornando a empresa bastante disfuncional.

Logicamente, se estamos falando de equipes de trabalho regionais, é possível pensarmos que cada uma possa estar posicionada em diferentes regiões do Brasil, por exemplo. Nesse caso, talvez não seja producente e nem recomendável realizar esse trabalho semanalmente, devido aos altos custos. Mas, se for possível a realização de um encontro anual, de preferência em um local como um centro de convenções ou um hotel, certamente a cultura organizacional terá um grande ganho.

Para que eventos desse tipo alcancem o objetivo máximo, é fundamental que as atividades que serão realizadas tenham propósitos claros e que sejam pensadas de tal maneira que consigam mudar os paradigmas culturais previamente definidos pela empresa. Porém, o erro de muitos gestores é pensar que as atividades de integração começam e terminam durante esses eventos: na verdade, nessas ocasiões elas só são iniciadas, e deve haver desdobramentos programados para o restante do ano, mesmo de maneira não presencial.

Muitas empresas fazem altíssimos investimentos financeiros com a contratação de palestrantes e celebridades para a realização de palestras, oficinas e *workshops* aos seus colaboradores, geralmente relacionados a temas de interesse institucional. Entretanto, poucas vezes esses palestrantes são munidos de um profundo conhecimento sobre a instituição contratante, tão necessário para focar questões que realmente importam.

Isso acontece porque esses profissionais são contratados para discorrer sobre temas gerais e as informações prévias que lhes são passadas geralmente são muito superficiais. Mas, graças às suas habilidades de comunicação, como a simpatia, a oratória e a persuasão, boa parte da plateia reage positivamente à intervenção.

Em casos como esse, os funcionários realmente costumam ser impactados positivamente, pois são convidados a refletir e a tirar conclusões sobre temas relevantes, lhes proporcionando uma energia extra e motivação para realizar as suas atividades. Mas, se nas próximas semanas e meses essa intervenção não for acompanhada por outras estratégias realizadas por profissionais capacitados e experientes em cultura institucional, os benefícios iniciais acabam se perdendo, assim como a chama de uma fogueira que se apaga por não receber lenha.

Mesmo nos casos em que não é possível reunir equipes remotas presencialmente, é perfeitamente possível a manutenção de uma cultura institucional saudável e estimulante, por meio do constante contato entre o líder e as suas equipes. E a tática dos eventos e palestras pode funcionar muito bem no meio virtual, por meio de *lives* e *podcasts* contratados especificamente para esse fim, ou seja, são eventos customizados para a empresa contratante.

Tentativas de fazer esses eventos reaproveitando conteúdos já existentes na internet e Youtube, por exemplo, tendem a fracassar de forma retumbante, afinal, as pessoas geralmente gostam de se sentir exclusivas. A grande vantagem dos eventos virtuais é o custo muito mais baixo, pois tornam-se dispensáveis custos com deslocamento, alimentação e hospedagens de equipes e palestrantes, além da locação de espaços capazes de comportar todo o público.

Parte desse custo economizado pode ser transferido para a compra de livros, *souvenirs* e cursos e oficinas de capacitação para os colaboradores, o que certamente contribuirá muito com aprimoramento técnico, operacional e intelectual da instituição.

MESMO NOS CASOS EM QUE NÃO É POSSÍVEL REUNIR EQUIPES REMOTAS PRESENCIALMENTE, É PERFEITAMENTE POSSÍVEL A MANUTENÇÃO DE UMA CULTURA INSTITUCIONAL SAUDÁVEL E ESTIMULANTE, POR MEIO DO CONSTANTE CONTATO ENTRE O LÍDER E AS SUAS EQUIPES.

@josepaulogit

5.2 REFORCE OS VALORES

Na cultura cristã, o casamento é tido como um importante sacramento, que pode ser compreendido como um sinal da graça divina legado à humanidade por meio do matrimônio. Além disso, à medida que o tempo passa, existem em nossa cultura as chamadas "bodas", que é uma palavra latina que significa "voto" ou "promessa". Portanto, para que um casamento possa ser feliz e durável, de tempos em tempos é necessário renovar os votos ou as promessas feitas lá no início.

De certa forma, essa filosofia é muito sábia, pois com o passar do tempo as pessoas vão mudando suas personalidades devido a fatores externos ao casamento, como a profissão, o trabalho, a fé, a visão política etc. Às vezes, as pessoas dentro desse relacionamento mudam tanto que passam a ter vários conflitos, fazendo que muitos optem pelo divórcio.

Nesse aspecto, a renovação dos votos do casamento é uma excelente alternativa para que ambos possam relembrar as ideias e as emoções vividas no momento do enlace inicial e, se for necessário, ampliar o compromisso com novos votos, condizentes com a realidade e valores atuais de cada um. O simbolismo por trás dessa experiência é muito importante para que a confiança mútua possa nutrir os sentimentos mais sublimes que unem duas pessoas.

Existe um ditado popular que diz: "o que é combinado, nunca sai caro". Entretanto, sempre é uma opção inteligente rememorar o que foi combinado!

Usando essa metáfora do casamento, as empresas também precisam reforçar seus valores periodicamente junto aos seus colaboradores. Quando isso não acontece, a empresa corre o risco de perder a sua identidade, gerando perda de confiança tanto do público interno quanto do externo.

Além da perda da identidade, algumas empresas acabam adotando novos valores não condizentes com a sua história, e outras até mesmo perdem os seus valores, passando a atuar de forma nociva, colocando em risco a integridade de todos que dela dependem. Não raro, algumas empresas começam a lesar seus consumidores e a participar de esquemas fraudulentos de corrupção, como sonegação de impostos, informações inverídicas sobre sua contabilidade e resultados financeiros, além de práticas ilegais relacionadas à produção e à qualidade dos seus produtos.

Por isso, o primeiro passo para estabelecer uma cultura institucional saudável é avaliar bem a conduta que a empresa deve ter, de acordo com suas necessidades. Algumas perguntas são bem importantes neste cenário:

- sua empresa valoriza os funcionários de forma rápida?
- suas normas são baseadas na precisão acima de tudo?
- é uma organização com uma cultura de desempenho?

Se, por exemplo, a empresa deseja estabelecer uma cultura de inovação, tanto o fracasso quanto o sucesso precisam ser recompensados, pois o que está em jogo não é necessariamente o resultado de uma ação imediata, mas sim o nível de comprometimento da equipe com o acerto. Numa cultura de inovação, é comum que existam mais riscos nas ações estratégicas da empresa e várias ações não alcancem os resultados esperados.

Tudo o que não dá certo se transforma em capital de conhecimento e experiência para a empresa que, assim, terá meios para não repetir os mesmos erros no futuro. Além disso, nas culturas de inovação, o que importa é que os acertos sejam maiores do que os erros.

Por outro lado, numa cultura de mercado, a atenção, o cuidado e o respeito completos aos procedimentos vigentes são primordiais para que os funcionários sejam valorizados e premiados. Isso é importante pois, diferentemente da cultura inovativa, a empresa com cultura de mercado necessita de funcionários que dedicam extremo rigor e precisão à metodologia de produção.

Qualquer forma de inovação, nem que seja com a melhor das boas intenções, pode ocasionar falhas sistêmicas graves nos processos estabelecidos, e tudo o que uma empresa mais conservadora não quer é lidar com o risco. Portanto, quando falamos da valorização e da premiação dos funcionários, precisamos primeiramente saber qual é o tipo de cultura empresarial em questão.

Mas o que há de comum entre qualquer empresa é a importância de essa valorização ocorrer de forma ágil e assertiva. Em muitos casos, um funcionário se destaca positivamente de maneira compulsória, atingindo grandes resultados mês a mês e não percebe nenhuma forma de valorização que o diferencie de colegas cujo rendimento é bem inferior. Situações como esta vão alimentando constrangimentos entre os funcionários, que passam a contestar o senso de justiça praticado pela empresa.

A retenção de ótimos funcionários depende de como a empresa os compreende, os enxerga e os valoriza. Isso requer uma liderança atuante para conectar, comunicar e fornecer *feedback* e elogios enquanto os funcionários trabalham remotamente. Quando a equipe não está reunida, é fácil se sentir invisível, excluído ou injustiçado.

Para não deixar que os conflitos tomem conta do ambiente virtual e acabem minando a qualidade da cultura institucional, premiar o colaborador logo após obter os resultados almejados, seja da maneira que for, contribuirá para mantê-los motivados. E, sob outro ângulo, os colaboradores que ainda não alcançaram as metas acabam sendo incentivados a buscar a excelência ou, na pior das hipóteses, chegam à conclusão de que precisam buscar novas oportunidades em locais mais condizentes com o seu estilo de trabalho.

Um valor extremamente importante para as empresas é adoção da chamada "cultura de liderança", quando o funcionário compreende e assume responsabilidade perante si e perante a equipe em que atua. Assim, os gestores certamente terão condições melhores de manter a qualidade do trabalho. Veja algumas dicas para a gestão a distância:

- trabalhe com a equipe sênior ou com toda a organização para compreender como os valores da empresa serão postos em prática na modalidade *home office*.

- destaque todas as inconsistências que você terá que melhorar para atingir os objetivos nesta rotina digital.

- mantenha esses valores visíveis na empresa e fale sobre eles durante os alinhamentos de projetos, *briefings* e atualizações.

- se possível, envie materiais físicos relacionados à cultura da empresa pelos correios para os funcionários em *home office*. A manipulação de objetos como cartilhas, livretos, álbuns de imagens, infográficos etc. é importante para uma melhor interpretação cerebral sobre o que se se pretende realizar.

- se você é um gestor, tenha prudência na forma como monitora a sua equipe. Se a "confiança" no colega é um valor importante para a empresa, não force inúmeras reuniões de status e evite delimitar tempos de resposta ultrarrápidos.

- motive e reforce os valores de liderança e comunicação de sua organização e ressalte que você deseja que os membros da equipe enviem suas próprias atualizações de status para corresponder aos objetivos da cultura da empresa.

- enfatize frequentemente os valores culturais na comunicação. O trabalho remoto prospera quando todos agem como responsáveis por seus projetos e por seus colegas.

Por fim, uma regra geral para a conformidade saudável do trabalho remoto é a que diz: "se você não faria algo na modalidade presencial por ferir ética ou moralmente alguma norma, pessoa ou a instituição em que trabalha, também não o faça na modalidade remota". Mas, se ainda tiver alguma dúvida quanto algum procedimento, não ouse deixar de buscar informações nos manuais oficiais da empresa ou perguntar ao seu líder imediato: nunca podemos pecar pela omissão!

5.3 DESCONTRAÇÃO FAZ PARTE

Como já abordamos nessa obra, as metodologias de ensino passaram por grandes aprimoramentos nas últimas décadas. Na atualidade, os materiais didáticos e a formação de professores estão muito mais comprometidos com a aprendizagem e o desenvolvimento de competências e habilidades nos alunos do que com os conteúdos em si, como acontecia no passado.

Na forma tradicional de ensino, havia um professor com um "balde cheio de conhecimentos" e vários alunos sentados enfileirados, cada um com seu "baldinho vazio de conhecimentos". Assim, por meio de uma aula expositiva e com muita escrita no quadro de giz para que os alunos copiassem os conteúdos em seus cadernos, o professor imaginava ter cumprido a sua missão.

Até por volta da década 1990, todo esse processo era realizado mediante uma disciplina muito rígida por parte dos professores, que não admitiam os menores deslizes dos educandos. Quando os alunos não cumpriam as regras, costumavam receber punições e, nos casos extremos, serem expulsos da escola.

Não estamos, com isso, afirmando que a disciplina não é importante nos processos educativos. Na verdade, a disciplina é fundamental em tudo que seja minimamente desafiador em nossas vidas. O problema é que junto com a rigidez disciplinar dos métodos educativos tradicionais, não havia espaço para grande parte dos alunos mostrar sua personalidade e seus verdadeiros talentos.

Além disso, o ambiente bastante formal da sala de aula nada combinava com o perfil comportamental de crianças e adolescentes que, nessas fases, têm a necessidade de exercitar o corpo, estabelecer relações sociais, brincar, interagir, se comunicar etc. De certa forma, muitas empresas se inspiraram nesses sistemas educacionais considerados ultrapassados para criar seus espaços de trabalho.

Não é porque somos adultos que deixamos de apreciar a liberdade de sermos nós mesmos. Por isso, cada vez mais, excelentes funcionários buscam instituições onde possam expressar suas melhores versões humanas e profissionais. Quando o ambiente de trabalho não proporciona essa vivência, os funcionários provavelmente terão rendimentos menos satisfatórios, impactando nos resultados das empresas.

CULTURA EMPRESARIAL

Nos momentos de descontração, uma boa ideia é deixar cada funcionário se expressar livremente sobre seus gostos e vida pessoal, para que os demais possam conhecê-lo melhor.

Assim, é importante que os gestores proporcionem o desenvolvimento de ambientes bem calibrados entre a formalidade exigida para o trabalho e a descontração que o torna agradável e produtivo. Essa não é necessariamente uma tarefa simples, pois se for feita de maneira artificial e sem o real engajamento dos líderes, dificilmente esse traço da cultura institucional logrará êxito.

Do ponto de vista prático, desenvolver uma cultura com muitos funcionários remotos significa que as conversas espontâneas no corredor da empresa são mínimas ou inexistentes. Por isso, encontrar maneiras de criar interações não essenciais torna-se vital para uma cultura corporativa de sucesso.

Isso pode ser obtido com reuniões informais ao final do expediente, com a realização de *pocket shows* com talentos da própria empresa ou contratados externos, com a realização de palestras com autoridades sobre temas envolvendo a importância de uma vida equilibrada etc. Iniciativas como estas auxiliam na construção de um ambiente mais humano e acolhedor, mesmo que a distância.

Experiência Ideal Trends

Há um comentário feito por mim em uma conferência para líderes corporativos que mostra de forma bastante clara os pontos abordados até aqui:

"À medida que construímos os elementos de cultura desejados, pense nas interações pessoais, conversas em família e tudo o mais. É vital! Novamente, as pessoas querem se sentir vistas e compreendidas. Elas querem saber se suas contribuições são boas, e parte disso envolve um senso de aceitação da pessoa como um todo, e não apenas no papel que desempenha."

É importante esclarecer que os trabalhadores remotos têm tarefas, agendas, reuniões e atribuições de status em seus cotidianos. Nenhum deles tem a tarefa de "criar cultura", e sim de contribuir com ela, reforçando-a com os seus valores próprios equivalentes. Isso significa que depende das lideranças a manutenção de uma cultura viva e dinâmica o tempo todo.

Com o conhecimento de que uma cultura institucional adequada melhora o desempenho dos funcionários, acelera a compreensão das instruções e incentiva uma dinâmica de equipe mais forte, torna-se um projeto dos líderes mantê-la sempre em movimento. Apesar de ser uma tarefa desafiadora, é também proporcionalmente prazerosa e satisfatória para todos os envolvidos, que terão progressos diversos em suas vidas profissionais e pessoais.

O trabalho remoto é algo ainda muito novo em nossa na história. E é bastante normal que exista muita resistência por parte de várias pessoas, principalmente aquelas que são avessas ou pouco afeitas às tecnologias da informação. Realmente não é fácil abandonar antigos paradigmas e adotar outros com diferenças tão radicais na forma como se procedem as atividades corporativas.

Entretanto, o trabalho remoto é nitidamente uma macrotendência para o futuro. Assim como é impossível segurar uma onda originada por um tsunami, será impossível as empresas deixarem de adotar certas características nesse sentido sem apresentar dificuldades para competir com empresas que acompanham o movimento da tecnologia e da sociedade.

NÃO É PORQUE SOMOS ADULTOS QUE DEIXAMOS DE APRECIAR A LIBERDADE DE SERMOS NÓS MESMOS. POR ISSO, CADA VEZ MAIS, EXCELENTES FUNCIONÁRIOS BUSCAM INSTITUIÇÕES ONDE POSSAM EXPRESSAR SUAS MELHORES VERSÕES HUMANAS E PROFISSIONAIS.

@josepaulogit

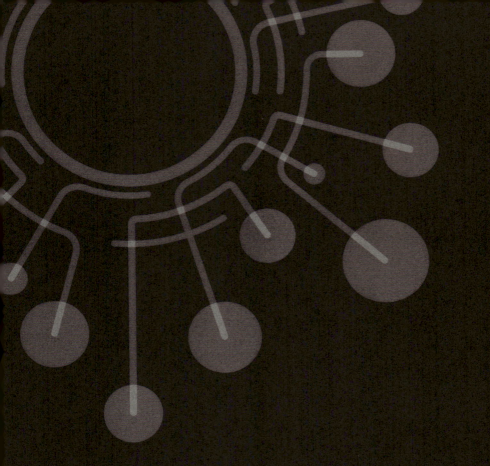

6 EMPRESAS QUE VÃO CONSTRUIR O FUTURO

Longe de querer adivinhar os acontecimentos futuros por métodos pseudocientíficos, qualquer profissional deve fazer um constante esforço para reavaliar a sua prática profissional e os caminhos que se apresentam para ele no futuro, a partir do curto até o longo prazo. E, para realizar essa tarefa, é importante ficarmos de olho nas inovações tecnológicas e nas mudanças sociais, culturais e econômicas na sociedade brasileira e mundial.

Até mesmo questões políticas, ambientais e populacionais podem afetar o futuro das profissões e das empresas, sem que tenhamos ideia ao certo do que possa acontecer. Sabemos, por exemplo, dos riscos das mudanças climáticas e da quase certa escassez de água em todo o mundo, o que irá constituir um grande risco à saúde da população mundial, como também servirá de entrave para o desenvolvimento de diversos tipos de atividades econômicas, como a agricultura.

Vivemos em mundo de complexas conexões: se diminuir a quantidade de água, países como o Brasil sofrerão também com a carência de energia elétrica, visto que nossa matriz energética é fortemente baseada nas hidrelétricas. Nesse cenário, o deslocamento de pessoas pelo mundo buscando fugir da fome e da sede pode criar cenários bastante catastróficos.

Decisões de ordem política também são grandes fatores de mudanças na sociedade e na economia. Por exemplo, a decisão da saída da Inglaterra da Comunidade Europeia (popularmente conhecida como *brexit*) por meio de um plebiscito público realizado em 2016 e efetivado em 31 de janeiro de 2020, trouxe diversas consequências, culminando com uma delicada crise econômica a partir da pandemia de covid-19 em 2019.

CULTURA EMPRESARIAL

Antes do *brexit*, a Inglaterra adotava a livre circulação de bens, capitais e pessoas, critérios esses instituídos pela Comunidade Europeia aos seus países membros. Entretanto, grande parte dos ingleses tinha forte aversão à presença de imigrantes africanos, asiáticos e latinos que conseguiam entrar na Europa inicialmente por países mais periféricos e posteriormente se dirigiam às terras inglesas.

Entretanto, esses imigrantes encontravam diversas oportunidades de trabalho em ocupações como motoristas de caminhão, auxiliares de serviço no comércio varejista, prestadores de serviços de limpeza e manutenção, funcionários de hotelaria etc. Todos esses trabalhos, embora não exijam necessariamente uma formação técnica, são fundamentais para o correto funcionamento da economia e atendimento social.

Com a deportação ou saída voluntária de milhares de imigrantes, um verdadeiro apagão logístico ocorreu no país, que viu as prateleiras dos supermercados vazias, postos de gasolina sem combustível, restaurantes fechados por falta de funcionários e suprimentos, e vários outros constrangimentos dessa espécie.

Essa situação fez que a classe empresarial do país passasse a pressionar o governo para a criação de mecanismos para o favorecimento da reentrada de imigrantes no país, posto que não há britânicos dispostos e em número suficiente para assumir essas ocupações.

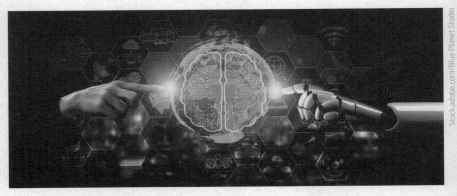

É possível projetarmos que o avanço da tecnologia será brutal nas próximas décadas. Mas as questões ligadas ao relacionamento entre os seres humanos continuarão a influenciar as empresas.

Como vemos, muitos fatores podem alterar a economia global e nacional. Mas, sempre que uma crise é estabelecida prejudicando alguns setores, ela acaba gerando novas oportunidades de negócios. Exemplos disso foram as empresas de tecnologia que já ofereciam soluções de comercialização de produtos e serviços pela internet, as quais passaram a ser muito requisitadas a partir da pandemia.

A questão da instabilidade presente no mundo é tão importante que muitos profissionais e instituições se dedicam a estudar as conjecturas políticas e macroeconômicas que podem gerar tendências de mudança. Vamos listar aqui algumas das previsões fundamentadas em análises multi e interdisciplinares da Worth Global Style Network (WGSN), empresa de previsão de tendências tida como uma das maiores autoridades no tema em todo o mundo.

a) As tendências que ditarão as regras do mercado

A maioria dos empreendedores realiza grande gasto energético em busca da inovação, mas podemos considerar que ele é responsável por apenas 50% do processo. A outra metade está nas mãos dos funcionários, pois a forma como realizarão as tarefas e criarão soluções para transpor os obstáculos vai ditar o nível do sucesso ou do fracasso da instituição.

Segundo pesquisas realizadas pela WGSN, a gestão de pessoas será um dos problemas mais desafiadores para as empresas. Dessa forma, uma das tendências mais prementes para o futuro está ligada à forma como as organizações irão lidar com os diferentes perfis dos seus colaboradores.

Isso se deve à identificação da existência de características peculiares que surgem na sociedade de tempos em tempos, ocasionadas pelas alterações culturais e tecnológicas. Essas mudanças contribuem para que cada geração seja possuidora e compartilhe um tipo específico de visão de mundo, que impacta na forma como as pessoas pensam e interagem entre si.

Quando a "Geração Y" adentrou ao mercado de trabalho, muitas modificações tiveram que ser feitas pelas empresas, que tiveram um imenso desafio em compatibilizar seus pressupostos à forma como essa geração enxergava o trabalho e a hierarquia. Certamente, quando a "Geração Z" começar a assumir os postos de trabalho, o choque de visão com a "Geração Y" ocasionará a necessidade de inúmeros ajustes. Veja a seguir as características das gerações que compartilham o mercado de trabalho.

CULTURA EMPRESARIAL

- **"*Baby Boomers*" (nascidos entre 1946 e 1964)** – no período pós-guerra, os Estados Unidos e a Europa passaram a apresentar altas taxas de natalidade e o termo "*baby boomers*" representa essa explosão populacional de uma geração que fomentou diversas mudanças culturais, políticas e sociais. Diferentemente dos países de primeiro mundo, os *baby boomers* brasileiros foram mais discretos em suas conquistas, devido à conjuntura político-ideológica bastante conservadora e arraigada da época.

- **"Geração X" (nascidos entre 1965 e 1980)** – geração que nasceu em um período com grandes modificações políticas e econômicas e sob a tensão da Guerra Fria, que foi um conflito no plano ideológico entre a União Soviética e os Estados Unidos. A luta pelo emprego e pela melhoria da condição de vida marcou essa geração, que era menos preocupada com idealismos.

- **"Geração Y" ou "*Millennial*" (nascidos entre 1981 e 1996)** – geração que nasceu em um período com maior estabilidade política e econômica, sendo que os Estados Unidos se firmavam como potência hegemônica e a Europa colhia os frutos de suas reformas sociais. Primeira geração a usufruir de novas concepções educacionais e aderir aos recursos digitais, passam a se interessar mais pelas questões ambientais e por trabalhos que sejam mais agradáveis, pois são mais resistentes a hierarquias e subordinação.

- **"Geração Z" (nascidos entre 1997 e 2010)** – geração que já nasceu em um contexto marcado pelas tecnologias digitais e pelas influências de um mundo totalmente globalizado, por isso são altamente conectados com a realidade virtual.

É considerada a geração mais tolerante na convivência com a diversidade humana e mais favorável à igualdade de gênero. Preferem optar por ambientes de trabalho que ofereçam oportunidades de desenvolvimento pessoal e que tenham propósitos e valores claros. Costumam dispensar trabalhos com boas remunerações, mas altamente estressantes, em prol de trabalhos com menor remuneração, mas que lhes tragam satisfação e propósito.

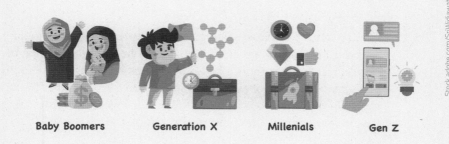

Nestas ilustrações, é possível observar os valores mais importantes para cada uma das gerações que compartilham os espaços de trabalho.

b) Entregar o que o consumidor espera

Uma verdade do mundo dos negócios diz que "as melhores soluções são criadas quando se foca as necessidades dos clientes e do mercado". Dessa forma, criar mecanismos que possibilitem às empresas saber o que seus clientes pensam sobre ela e como avaliam seus produtos será uma necessidade fundamental.

As áreas de relacionamento com o consumidor deverão cumprir um papel diferenciado, trazendo um melhor atendimento em relação ao que é prestado atualmente. Essa é uma estratégia importante para a fidelização do cliente, pois se ele sentir que não foi bem atendido irá procurar uma outra empresa fornecedora.

CULTURA EMPRESARIAL

c) **Como as gigantes tecnológicas estão se preparando para o futuro**

O surgimento do Instagram e do Snapchat fez que as empresas "quebrassem a cabeça" procurando um modo adequado para promover as suas imagens e seus produtos nestas plataformas. Mas as tendências futuras são ainda mais desafiadoras. A IBM e o Google estão apostando suas fichas em novas tecnologias baseadas em inteligência artificial, visando melhorar o atendimento e a experiência dos clientes com as marcas.

d) **Interpretar os clientes: um segredo para o sucesso**

Mais que compreender como o cliente se sente em relação aos produtos e serviços oferecidos por uma empresa, é necessário entender como ele enxerga o negócio como um todo. Muitas vezes, as melhores soluções não são criadas pela visão dos funcionários da empresa, e sim a partir da própria opinião dos clientes.

Os algoritmos criados pelas grandes empresas de tecnologia e presentes nas redes sociais já conseguem fazer uma leitura e interpretação bastante apurada dos interesses e hábitos de consumo dos usuários, posicionando as empresas de forma a se tornarem mais visíveis para seus públicos-alvo. E a tendência é que esses mecanismos sejam altamente aprimorados.

Porém, apenas tornar-se visível na internet não será o suficiente para a efetivação das vendas, e as empresas terão que desenvolver uma comunicação cativante e atuante junto aos clientes.

6.1 TECNOLOGIA E *KNOW-HOW*

A tecnologia possui uma dinâmica curiosa, pois conseguimos viver muito bem sem ela até o ponto em que a descobrimos e passamos a utilizá-la. Depois que isso ocorre, a única possibilidade que temos é a utilização de uma tecnologia superior, mas nunca inferior. É como se tivéssemos um televisor de tela plana com resolução HD (*High Definition*, ou Alta Definição) e fôssemos obrigados a retornar à utilização de um televisor de tela oblíqua de baixa resolução com tubo catódico – os chamados "caixotes".

Dessa forma, a tecnologia segue sempre uma evolução constante e, no caso da escolha de um novo televisor, precisaremos adquirir um de tecnologia de resolução 4K ou superior para sentirmos o efeito do aprimoramento.

Fenômeno semelhante ao exemplo dos televisores ocorre com as tecnologias utilizadas pelas empresas, as quais se tornaram imprescindíveis para superar os desafios presentes no mercado atual e para a manutenção da capacidade competitiva diante das empresas concorrentes. Não há um exemplo de empresa bem-sucedida na atualidade que seja avessa aos pressupostos da inovação tecnológica.

Mas é preciso compreendermos o porquê de a inovação tecnológica ser uma condição dos negócios de sucesso, quais os benefícios que ela gera e quais são os métodos de implementação com maior potencialidade de sucesso para a maior parte das empresas. A seguir, vamos detalhar um pouco mais essas questões.

6.1.1 A EVOLUÇÃO TECNOLÓGICA DIGITAL NAS EMPRESAS

Antes da criação e popularização da internet e da disponibilização facilitada dos dispositivos e recursos digitais, as empresas só conseguiam alcançar seu público-alvo por meio da publicidade tradicional ou pela recomendação de outros clientes, no que chamamos costumeiramente de propaganda "boca a boca".

Nessa última modalidade, comentários positivos sobre os produtos e serviços de uma empresa feitas informalmente em um encontro de amigos, por exemplo, convenciam um potencial consumidor a se tornar cliente de uma empresa. Por incrível que pareça, essa modalidade, apesar de não envolver tecnologia alguma, ainda é extremamente eficaz.

Porém, o grande problema é a questão da sua escala de propagação para captação de novos clientes, que é muito pequena para os padrões de mercado existentes hoje. Quando a propaganda "boca a boca" é adaptada e realizada pelas redes sociais a partir da comunicação de celebridades ou *influencers*, sua escala alcança progressões geométricas e as vendas tendem a disparar.

Como vemos, as tecnologias digitais geralmente se assentam em bases "analógicas" do comportamento humano, e esse é um dos segredos que as fazem obter resultados tão satisfatórios.

Mas, mesmo com a ausência de um influenciador, as próprias tecnologias baseadas em inteligência artificial proporcionam às pessoas o acesso a uma gama imensa de ofertas, além de possibilitarem aos usuários a realização de pesquisas de preços e obtenção de informações sobre a qualidade e funcionalidade de produtos com apenas alguns toques na tela do smartphone.

Essa recente realidade do mercado tornou a competitividade das organizações extremamente acirrada, fazendo que a atenção das empresas à qualidade da comunicação, do atendimento e das ofertas passasse a ser muito maior, na tentativa de conquistar o público.

Para que as empresas possam usufruir de todas essas possibilidades, é fundamental que elas tenham uma rápida adesão às novas tecnologias. Isso parece ser um procedimento simples, mas, na verdade, exige que as organizações busquem criar processos internos mais ágeis e assertivos, como também otimizar seus recursos materiais e humanos para tornar seus produtos ou serviços mais visíveis e, por consequência, mais competitivos.

Nos últimos anos, a popularização dos *e-commerce*, aplicativos, carteiras eletrônicas, redes sociais e sites como possibilidades de acesso direto a produtos e serviços cresceu exponencialmente entre os consumidores. Embora muitos ainda sejam resistentes ao comércio digital, o número de adeptos cresce vertiginosamente a cada ano.

A pandemia de covid-19, principalmente em seu primeiro ano, acabou criando um cenário de grande incentivo às formas de interação digitais, devido à segurança sanitária proporcionada. Além disso, o aprimoramento das formas digitais para cobranças e pagamentos, como o "Pix", gerou mais um incentivo para que inúmeras pessoas passassem a realizar não só as compras, mas novas formas de operações financeiras virtuais.

Como nem tudo são flores, o número de golpes digitais aos consumidores disparou no Brasil, causando uma preocupação extra principalmente para as empresas de varejo. Em muitos casos, estelionatários reproduzem o layout das lojas digitais em links piratas, fazendo os usuários acreditarem que estão fazendo uma compra segura, mas na verdade, estão entregando seus dados pessoais e financeiros a bandidos.

QUANDO A PROPAGANDA "BOCA A BOCA" É ADAPTADA E REALIZADA PELAS REDES SOCIAIS A PARTIR DA COMUNICAÇÃO DE CELEBRIDADES OU *INFLUENCERS*, SUA ESCALA ALCANÇA PROGRESSÕES GEOMÉTRICAS E AS VENDAS TENDEM A DISPARAR.

@josepaulogit

CULTURA EMPRESARIAL

As empresas com atuação pela internet precisam investir em segurança digital, a fim de preservar a sua imagem e a integridade de seus consumidores.

Dessa forma, as empresas precisam manter suas equipes da área de Tecnologia da Informação (TI) constantemente atentas, fazendo varreduras na internet e nas redes sociais, buscando identificar estas ações que prejudicam a credibilidade das vendas on-line.

Por outro lado, esta realidade abre oportunidades de empreendedorismo para diversos profissionais liberais e empresas de TI que desenvolvem soluções de segurança para o comércio digital. Essas tecnologias tornam-se fundamentais para a maior parte das empresas que se fazem presentes no mundo digital, a fim de evitar prejuízos de imagem e financeiros, por conta de processos judiciais movidos por consumidores.

Infelizmente, por imperícia, negligência ou má fé, muitas empresas agem de forma irresponsável com a guarda e a confidencialidade dos dados de seus usuários, que acabam sendo "vazados" para as quadrilhas especializadas em fraude. Essas quadrilhas podem utilizar as informações obtidas para extorquir os cidadãos ou vender ilegalmente pacotes de informação de consumidores para outras empresas.

Para evitar essa prática, foi criada a Lei Geral de Proteção de Dados (n. 13.709/2018), que segundo o Ministério Público Federal da República Federativa do Brasil tem como principal objetivo proteger os direitos fundamentais de liberdade e de privacidade e o livre desenvolvimento da personalidade da pessoa natural. Também tem como foco a criação de um cenário de segurança jurídica, com a padronização de regulamentos e práticas para promover a proteção aos dados pessoais de todo cidadão que esteja no Brasil, de acordo com os parâmetros internacionais existentes.

Nesse cenário, os setores de TI das empresas que anteriormente costumavam oferecer apenas um suporte pontual para a manutenção de sistemas e infraestruturas tecnológicas passaram a ocupar um papel de protagonismo, planejando e promovendo inovações alinhadas às estratégias e metas dos negócios. Nesse sentido, cada vez mais as empresas têm investido na valorização das experiências dos clientes, por meio da disponibilização de plataformas mais abrangentes, interfaces mais intuitivas e contatos multicanais mais imediatos.

Além da parte que concerne às estratégias digitais de marketing e vendas pela internet, a adesão de novas tecnologias passa por outros setores da empresa, gerando possibilidades de inovação em toda a sua infraestrutura, auxiliando na viabilização de um nível gerencial e de operações mais robusto, dinâmico e automatizado.

Nas duas últimas décadas foram desenvolvidas diversas soluções para a otimização da gestão dos negócios por meio da oferta de softwares de uso geral ou customizados para a realidade de cada empresa. Assim, na mesma tela de um computador é possível acessar, organizar e comparar todos os dados possíveis e imagináveis para um melhor gerenciamento das empresas.

Outra possibilidade bastante revolucionária é o acesso facilitado a resultados parciais e consumados da empresa, em que o usuário pode delimitar formas diferenciadas de pesquisa de dados. Como exemplo, podemos citar pesquisas sobre as segmentações de vendas existentes, seja por quantidade comercializada, público-alvo atuante, recorte geográfico ou qualquer outro ponto analítico.

Tudo isso permite aos gestores o desenvolvimento de relatórios extremamente precisos, os quais irão balizar e fundamentar a construção dos planejamentos futuros da empresa. Esta dinâmica contribui consideravelmente para a diminuição dos riscos inerentes ao negócio, pois consegue captar e tornar visíveis todos os problemas existentes ou possíveis relacionados à ineficácia dos processos internos.

6.1.2 O FUTURO SERÁ AINDA MAIS DIGITAL

Por mais que as tendências que descrevemos anteriormente já tenham transformado profundamente e de maneira irreversível o mercado, é possível projetar que as mudanças futuras irão ocorrer em ritmos cada vez mais rápidos, acompanhado o processo da própria evolução tecnológica. Isso significa que os processos no interior das empresas, assim como seus modelos de negócio, terão que caminhar no mesmo ritmo.

Nesse contexto, os recursos de Inteligência Artificial e de análises de dados, os serviços disponibilizados em nuvem e as ferramentas de automação e segurança se tornarão cada vez mais centrais para garantir a viabilidade dos negócios.

Nessa mesma esteira, já há algum tempo os próprios consumidores demandam novas exigências em relação às tecnologias e fazem isso selecionando com critério suas escolhas, levando em consideração a qualidade, o preço, a percepção de valor, o significado em termos de status que o produto lhe proporcionará, entre outros fatores de ordem cultural. Toda essa dinâmica tende a se aperfeiçoar na medida em que os consumidores vão ficando mais críticos e esclarecidos.

Portanto, não basta que os empreendedores interpretem a transformação digital apenas como um mecanismo de inovações pontuais em determinados processos. Na realidade, é necessário encabeçar uma compreensão profunda sobre como a tecnologia altera e influencia a vida das pessoas e sobre como esse fenômeno impacta diretamente na cultura organizacional e nos modelos de atuação comerciais das empresas.

6.1.3 AS VANTAGENS DA INOVAÇÃO TECNOLÓGICA

Cremos ter conseguido desenhar um quadro bastante abrangente sobre a importância da inovação tecnológica para as empresas no que tange aos crescentes níveis de competitividade e às transformações impostas pelos consumidores e pelas próprias tendências de mercado. Quando a abertura à transformação digital se torna uma parte constituinte de um negócio, seus processos passam a ser pautados nas possibilidades criadas pela tecnologia e uma série de benefícios podem ser obtidos, como:

- **tornar a empresa sempre preparada para os desafios** – a inserção de uma empresa em uma nova plataforma, rede social ou serviço digital pode causar todo um rearranjo de mercado, e as demais organizações precisam se adaptar rapidamente a esse tipo de mudança. Sendo assim, instituições abertas e alinhadas às inovações no campo tecnológico dificilmente ficarão para trás em relação às exigências, desejos e comportamentos dos seus consumidores. Quando a cultura corporativa de um negócio já possui a inovação em seu "DNA", se torna muito mais simples adequar seus processos e aderir às atualizações tecnológicas. Nos momentos de crise do mercado, essa característica contribuirá para a sobrevivência e para reerguer da forma mais rápida possível a empresa.

- **proporcionar maior controle sobre seus processos e resultados**: a adoção das Tecnologias da Informação proporciona um monitoramento mais preciso dos negócios e torna as tomadas de decisão mais inteligentes. Isso ocorre porque a digitalização dos processos e a adoção de sistemas de gestão eficientes permitem o controle das informações internas em tempo real, por meio da produção de gráficos, relatórios automáticos e *dashboards*. Esses meios possibilitam a coleta, a centralização, a segmentação e a análise dos dados, abrindo espaço para a previsão de possíveis transformações do mercado e para a compreensão da realidade atual do negócio, contribuindo assim para a definição de rumos mais seguros à empresa.

- **reduzir custos** – as tecnologias permitem um mapeamento criterioso e preciso do capital aplicado em todos os processos dentro da empresa, fazendo que cada centavo tenha sua origem e finalidade conhecidas e contabilizadas. Processos automatizados também diminuem consideravelmente os custos, pois, ao substituir o trabalho braçal, as pausas na produção devido a fatores humanos diversos deixam de ocorrer e a incidência de erros cai drasticamente.

- **manter a produtividade** – a automatização não significa a substituição completa da força de trabalho humana, mas sim um meio para que as atividades se tornem mais céleres, assertivas e produtivas. A partir desse quadro, é possível abrir novas oportunidades que demandam um trabalho mais criativo, que podem somente ser realizados pelas pessoas.

- **aprofundar o relacionamento com o cliente** – as tecnologias permitem um nível de aproximação e interação entre o cliente e a empresa jamais obtido anteriormente. Isso se deve à eficiência e à velocidade com que os conteúdos digitais alcançam os consumidores, garantindo a eles uma melhor experiência com os produtos, serviços ou mesmo com a marca em si. Podemos observar essa realidade na disponibilização de canais de venda e de atendimento variados, na utilização de *chatbots* para a resolução acelerada de dúvidas ou eventuais problemas, no investimento em conteúdo e marketing digital para o engajamento do público-alvo, entre outras opções do gênero.

- **criar soluções com o uso de softwares** – empresas tecnológicas são aquelas sabedoras que os projetos de software geram a potencialidade para guiar a otimização de seus diferentes processos em seus vários setores, seja nas áreas de gestão empresarial, fiscal, de estoque, vendas etc. Em muitos casos, é possível a obtenção de softwares de uso geral de fornecedores externos, sejam eles livres ou pagos. Porém, em outros casos, existirá a necessidade da criação de um setor de produção e manutenção de software na própria empresa, garantindo soluções altamente customizáveis às demandas do negócio, além de um diferencial de mercado bastante poderoso, pois a utilização da tecnologia será exclusiva da empresa. A customização de tecnologias de informação permite um melhor gerenciamento do tempo, dos custos e do escopo de todos os projetos em andamento. Dessa forma, os projetos podem ser desenvolvidos da maneira correta, isto é, alinhados às metas da instituição e realmente eficazes no auxílio ao aprimoramento das tarefas e na produtividade das equipes. É válido ressaltar que, a partir da escolha da possibilidade de autossuficiência da empresa por meio da criação de um setor próprio de desenvolvimento, é fundamental contar com o apoio de especialistas, capazes de elaborar projetos de software customizáveis que levem em conta o orçamento disponível, os prazos estipulados, o número de integrantes e a qualificação dos profissionais necessários para cada projeto, entre outros pressupostos.

Chatbot: ferramenta automatizada por diretrizes pré-programadas ou por inteligência artificial para conversa com o cliente em linguagem natural por meio de aplicativos de mensagens, sites e outras plataformas digitais. Permite a resolução de diversos problemas e dificuldades dos usuários, sejam eles técnicos ou comerciais.

Dashboard: ferramenta de gestão da informação que auxilia no acompanhamento e exibição de indicadores-chave de performance (KPIs), métricas e dados que indicam a saúde de um negócio, setor ou processo. Para que possa atender às demandas específicas de cada empresa e de cada área, ele deve ser customizado, ou seja, elaborado sob medida para cada uma das necessidades.

6.2 COLABORADORES QUE PENSAM COMO DONO

Quando optamos por adquirir ou construir um imóvel próprio, mais precisamente uma casa com terreno, precisamos ter em mente que ela nos trará vários benefícios, mas também demandará muitas horas de dedicação para a sua limpeza e conservação. Uma lâmpada queima ali, um vazamento na torneira aparece acolá, as ervas daninhas começam a proliferar no gramado, os fungos começam a dominar as paredes do banheiro etc.

Com várias outras tarefas como o trabalho, o pagamento de contas, o cuidado com os filhos e pets etc., a tendência é procrastinarmos esses cuidados com a casa, que tendem a se avolumar com o passar do tempo. Daí, passam a ser várias lâmpadas queimadas, inúmeros vazamentos e infiltrações nas paredes, banheiros que se tornam insalubres e jardins que passaram a ter aspecto de terrenos baldios.

CULTURA EMPRESARIAL

Talvez algumas pessoas não se importem tanto com a manutenção predial de suas residências, mas, com o caos instalado, estes locais deixarão de oferecer conforto e aconchego, tornando-se inabitáveis e desestimulantes.

Portanto, ser dono de um imóvel não significa apenas ter um título de propriedade registrado em cartório. Ser dono alcança um significado maior: é o indivíduo que zela pelo seu lugar, que procura valorizá-lo tanto em termos financeiros quanto simbólicos, que não "deixa a peteca cair" nos momentos mais complicados, que conserta o telhado para que sua família não seja desalojada pela tempestade.

Não estamos afirmando que o dono da casa tenha que resolver todos os problemas usando as suas próprias mãos, até porque eles exigiriam vários tipos de habilidades. Mas, ao menos, o dono precisa solicitar ou contratar alguém que possa fazer as tarefas no momento certo.

Ser dono não é apenas se importar com as coisas dentro de uma casa ou de uma empresa, mas também com as pessoas que vivem dentro delas. Quão patético seria o dono da casa dormir em um colchão superconfortável e se alimentar com comidas gostosas e nutritivas e seus filhos dormirem no chão e comerem apenas os restos das refeições.

Ser dono é não se esquivar de nenhum problema que surja e pensar sempre que a sua atuação é essencial para o equilíbrio da empresa como um todo.

Percebemos que ser dono é adentrar em um estado de espírito capaz de promover o altruísmo, a doação, a dedicação, o cuidado, o suporte emocional e o ombro amigo. Nas catástrofes, enquanto todos choram e se desesperam, o dono acolhe os feridos e toma as providências necessárias para cessar a emergência. Se um dono primaz faz grande diferença positiva para uma empresa, o que aconteceria se todos que nela trabalham se comportassem apresentado um comportamento semelhante ao dele?

As mudanças econômicas, sociais e culturais ocorridas no mundo pós-globalizado modificaram também as relações estabelecidas no campo do trabalho. O acirramento da concorrência entre empresas de diversos segmentos obrigou-as a se tornarem mais enxutas, racionais e eficientes.

Empresas que permaneceram inertes diante das mudanças estruturais da economia faliram ou perderam significativos mercados, prejudicando seus resultados financeiros e comprometendo a sua imagem perante o mercado consumidor.

Muitas empresas familiares que alcançaram grande sucesso, mas que possuíam uma gestão muito hierarquizada e centralizadora, sucumbiram diante de empresas recém-formadas dentro de uma perspectiva de inovação, tanto relacionada aos seus produtos quanto ao seu modelo de negócio.

Mas não foram apenas essas características que tornaram as empresas inovadoras aptas à competição no mercado contemporâneo: uma outra parte fundamental atrelada ao sucesso foi a forma como se procedeu a postura ética dos colaboradores.

Até algumas décadas atrás, ao se aposentarem, muitos trabalhadores se orgulhavam em mostrar sua carteira de trabalho com o carimbo de uma única empresa. Geralmente esses trabalhadores eram contratados ainda muito jovens ou recém-formados em escolas técnicas e universidades e dedicavam uma vida inteira de trabalho a uma mesma instituição.

Esses funcionários detinham grande confiança por parte dos donos da empresa e dos seus supervisores, e alguns deles galgavam posições hierárquicas até alcançar cargos de liderança. Quando isso acontecia, significava que os empresários acreditavam que esses colaboradores detinham o pressuposto essencial para garantir a saúde e a continuidade dos negócios: comportar-se como dono da empresa.

A partir da década de 1980, com a implantação e a atuação de diversos sindicatos de trabalhadores, a relação entre patrões e empregados

SER DONO NÃO É
APENAS SE IMPORTAR
COM AS COISAS
DENTRO DE UMA CASA
OU DE UMA EMPRESA,
MAS TAMBÉM COM AS
PESSOAS QUE VIVEM
DENTRO DELAS.

@josepaulogit

passou a ser mais complexa e, não raro, muitas tensões foram estabelecidas, fazendo que a confiança entre eles fosse bastante abalada.

Obviamente, não estamos fazendo uma crítica ao papel dos sindicatos, pois realmente existiram empresas que deturpavam completamente as relações trabalhistas e eram irresponsáveis e negligentes com a saúde física e mental dos seus colaboradores. Entretanto, uma das consequências visíveis dessa nova forma de relacionamento entre os dois grupos foi a diminuição do tempo médio de atuação do trabalhador em uma mesma organização. Atualmente, é muito difícil encontrar alguém que se dedica à mesma empresa por mais de vinte anos, por exemplo.

As empresas atuais apresentam grande rotatividade de colaboradores. Isso se torna um grande desafio não só para a manutenção e para o aprimoramento da cultura institucional, como também para a saúde financeira do negócio. Isso acontece pois, para o dono ou os investidores expandirem a atuação da empresa, necessitam contar com colaboradores extremamente confiáveis e capazes.

Os colaboradores que mais possuem chances de crescimento profissional e financeiro são justamente aqueles que, além de competentes e proativos, demonstram total responsabilidade pelo funcionamento da empresa em que atuam. Em outras palavras, são colaboradores que poderiam perfeitamente substituir o dono da empresa caso isso se tornasse necessário.

Esses colaboradores desenvolvem grande identidade com a instituição onde atuam e a enxergam como um ente que deve ser cuidado e preservado, pois é a partir dela que organizam a sua vida financeira e material. Colaboradores que agem como donos também compreendem que os benefícios obtidos por meio de uma empresa bem gerenciada e lucrativa se estende aos demais colaboradores e à sociedade como um todo.

Ser dono também é reconhecer o cansaço depois de longos anos de dedicação e ter olho clínico e tato para perceber quando um liderado já demonstra mais capacidade para tocar a empresa em direção ao futuro. Verdadeiros donos são muito mais preocupados com o crescimento da empresa e a melhoria das condições de trabalho disponibilizadas aos seus colaboradores do que com o poder e a vitrine que seus cargos lhes possibilitam.

É importante ressaltar que comportamento de dono não significa monitorar e avaliar todos os processos que ocorrem dentro de uma empresa, numa espécie de "olho que tudo vê". Excelentes donos são aqueles que sabem orientar, delegar tarefas e confiar em seus funcionários, mas nunca descuidam da tarefa de se dedicar à expansão dos negócios.

Portanto, um colaborador com comportamento de dono, mesmo que desenvolva uma atividade considerada simples, deve sempre refletir sobre qual o impacto que uma melhoria na forma como produz pode contribuir para a expansão do negócio como um todo. Quando todos os colaboradores assumem essa responsabilidade para si, um processo incrível e altamente poderoso passa a se alastrar por toda a empresa.

O resultado disso é um crescimento orgânico e sustentável em todos os processos institucionais. Esse comportamento coletivo alimenta e retroalimenta a cultura institucional, criando um círculo virtuoso para a empresa. Assim, sempre que novos colaboradores são recrutados para garantir a expansão das atividades, rapidamente eles percebem e aderem à cultura estabelecida.

Algumas empresas, como o Grupo Ideal Trends, têm trabalhado de forma bastante inovadora quando percebem a existência de colaboradores com o perfil de dono, lhes proporcionando bastante terreno e ferramentas para que possam desenvolver suas habilidades. Esse processo ocorre de forma gradual, mas o tempo necessário para que o colaborador evolua na hierarquia depende muito mais do seu empenho do que das regras existentes para a ascensão na empresa.

Isso quer dizer que o Grupo pode premiar de forma extremamente rápida um colaborador que demonstra eficiência acima de média em um curto espaço de tempo. Empresas que perdem o *"time"* desse processo tendem a presenciar uma progressiva diminuição da motivação do colaborador.

Constitui uma ação muito mais inteligente a empresa premiar na mesma velocidade empregada pelo colaborador, pois seus resultados comerciais tendem caminhar lado a lado com esse processo. Em outras palavras, empresas que sabem aproveitar a competência e a agilidade dos funcionários obterão resultados financeiros igualmente competentes e ágeis.

No Grupo Ideal Trends há vários casos de funcionários que foram recrutados para funções mais modestas e em poucos meses alcançaram cargos de liderança devido ao talento e esforço. E, em outros casos, além de tornarem-se líderes, receberam cotas societárias, elevando-os à condição de acionistas da empresa. Instituições que operam nessa lógica tendem a atrair os melhores profissionais do mercado, os quais terão motivos de sobra para se dedicar ao máximo ao trabalho.

Um alerta importante para as empresas que optam pela construção desse cenário de desenvolvimento de talentos é que evitem transformar o ambiente em uma "arena de combate" entre os funcionários. Uma coisa é o incentivo à melhoria contínua da qualidade dos trabalhadores, outra é a criação de um espaço excessivamente competitivo e tóxico, no qual cada um quer simplesmente massagear o ego mais do que o outro.

E, esse desafio vai depender da extrema capacidade dos líderes em conhecer os seus liderados e saber dosar as tarefas individuais e coletivas. Para isso, a criação de equipes de trabalho, em que os resultados são apresentados pelo time e não de forma personalizada, podem auxiliar o desenvolvimento de um ambiente corporativo competitivo, mas essencialmente sadio.

6.3 CULTURA DE VALORIZAÇÃO

Howard Gardner, psicólogo cognitivo, professor da Universidade de Harvard nos Estados Unidos e considerado uma das maiores autoridades internacionais da área de Educação, formulou a **Teoria das Inteligências Múltiplas**, na qual afirma que cada pessoa possui certa predisposição para se tornar muito competente utilizando uma ou algumas das suas capacidades (STRAUSS, 2013).

- **Inteligência lógico-matemática**: capacidade de realizações operacionais, ou seja, cálculos numéricos e dedutivos.

    Ex.: contadores e engenheiros responsáveis pela resolução de problemas relacionados à contabilidade ou à área de engenharia em uma empresa, respectivamente.

- **Inteligência linguística**: relacionada à capacidade de utilização da fala e da escrita para um determinado fim e, também, à capacidade de aprendizagem de novos idiomas.

    Ex.: líderes com grande capacidade de comunicação e que atendem as sedes da empresa em vários países.

- **Inteligência espacial**: diz respeito à capacidade de compreensão, reconhecimento e manipulação de situações relacionadas ao deslocamento pelo espaço geográfico.

Ex.: profissionais de logística com grande facilidade para se deslocar pelos espaços urbanos (sem o uso de aplicativos de localização).

- **Inteligência físico-cinestésica**: capacidade corporal para a realização de movimentos complexos e precisos.

  Ex.: técnicos em montagem de máquinas e outros equipamentos, esportistas, dançarinos, pintores etc.

- **Inteligência interpessoal**: ligada à compreensão das intenções e desejos das pessoas e dos grupos, tornando possível a convivência e a interação social de maneira produtiva e pacífica.

  Ex.: líderes carismáticos.

- **Inteligência intrapessoal**: diretamente ligada ao desenvolvimento de uma compreensão global sobre si próprio, também denominado de autoconhecimento. A partir disso, é possível o aprimoramento de competências como a organização, o foco e a resiliência, possibilitando alcançar sucesso e satisfação nas diversas esferas da vida.

  Ex. empreendedores que alcançaram grande ascensão profissional e financeira.

- **Inteligência musical**: é a capacidade de interpretar e gerar sons de forma organizada. Está associada à aptidão de compor, tocar, cantar ou apreciar a música de forma abrangente e acurada.

  Ex.: Elvis Presley, Caetano Veloso, Marisa Monte, Adele.

Após algum tempo da publicação inicial de sua teoria, Gardner também adicionou a essa lista as seguintes inteligências:

- **Inteligência natural**: relacionada à capacidade de reconhecer a importância dos elementos naturais e a forma como eles são formados e organizados em nosso planeta, buscando compreender a interação entre cada um deles para a compressão dos processos biológicos, climatológicos, geológicos, hidrológicos etc. nos ecossistemas terrestres.

  Ex.: engenheiros ambientais, biólogos, geógrafos, oceanógrafos e outros profissionais responsáveis por projetos ambientais.

- **Inteligência existencial**: ligada à capacidade de reflexão sobre temas de ordem espiritual e filosófica que estão presentes no cotidiano das pessoas e que delimitam a nossa condição humana.

Ex.: líderes espirituais e monges que renunciaram os bens materiais para viver em paz, harmonia e contemplação.

As ideias propostas por Gardner foram bastante importantes, pois nos mostraram que a inteligência humana não se resume apenas às competências lógico-matemáticas, tão valorizadas em nossa sociedade, mas também a outras formas de inteligência, todas elas necessárias para a sobrevivência e evolução da civilização.

Estas conclusões adaptadas ao ecossistema das empresas foram também bastante reveladoras, pois salvo uma instituição cujo trabalho é bastante específico e emprega apenas um perfil profissional, a maior parte delas depende de profissionais de várias áreas do conhecimento.

Portanto, o quadro de funcionários de uma empresa provavelmente contemplará a necessidade de contar com a participação de mais de um tipo de inteligência e, no caso de uma empresa de grande porte, com todas elas.

Ao se conhecer as potencialidades e os talentos presentes em uma empresa, fica muito mais fácil e viável promover a valorização dos colaboradores, pois é possível criar critérios customizados para a identificação de um trabalho bem-feito no contexto de cada tipo de inteligência.

É importante ressaltar que todo o ser humano com o funcionamento cerebral, corporal e cognitivo considerado biologicamente íntegro e saudável poderá desenvolver todos esses tipos de inteligência, em menor ou maior grau. Tudo dependerá do tempo e da energia empregada nos processos educacionais relacionados à busca pela excelência em cada tipo de inteligência.

Você pode estar se perguntando: o que pode explicar então o talento descomunal que algumas pessoas alcançam em certas inteligências, tornando-as muito superiores aos seus concorrentes? Muitas pessoas acreditam que cada indivíduo nasce com um tipo de dom e, outras, estão destinadas a alcançar a perfeição.

Sob o ponto de vista científico, as neurociências ainda não descobriram todos os fatores relacionados a esses casos mais raros de alcance do ápice das inteligências. Entretanto, a constituição biológica favorável de um indivíduo aliada ao um contexto social incentivador são os elementos mais gerais que nos permitem compreender o fenômeno do alcance da excelência.

É importante esclarecer que dificilmente somos portadores de apenas um tipo de inteligência, pois podemos ser bons em mais de uma delas.

CULTURA EMPRESARIAL

Alguns tipos de inteligência são complementares quando precisamos realizar uma determinada atividade.

Como exemplo, podemos pensar em um pianista, que precisa desenvolver pelo menos três tipos de inteligência: a lógico-matemática (os tempos e intervalos na música são matematicamente precisos), a físico-cinestésica (é preciso ter extrema habilidade e rapidez com os dedos das mãos) e a musical (é preciso ter sensibilidade sonora e dar sentido rítmico e harmônico ao movimento dos dedos).

Conhecer as suas próprias inteligências é algo fundamental para escolher a profissão, as vagas de trabalho e outras oportunidades profissionais que mais se encaixam com o seu perfil. Dessa forma, você aumentará bastante a chance de conquistar o lugar desejado em uma empresa ou, quem sabe, resolver empreender para dar vasão ao seu talento.

Então, vamos lhe auxiliar a refletir sobre a presença e o nível de proficiência em cada uma das nove inteligências propostas por Gardner. Para isso, se baseie no exemplo a seguir e, posteriormente, preencha a tabela.

Pedro trabalha em uma indústria de sapatos e é responsável pelo setor de compras. Para isso, todos os dias precisa fazer vários cálculos para adquirir a quantidade correta de insumos, de maneira que nenhum deles sobre ou falte, o que poderia causar a parada das linhas de montagem. Na última avalição do seu desempenho profissional, seu coordenador apontou a necessidade de melhorar a comunicação com seus colegas.

Pedro gosta de realizar trilhas com a sua bicicleta e, para isso, utiliza mapas para se localizar, pois não há conexão móvel disponível. Ele gosta de fazer essas aventuras com um grupo de ciclistas, todos seus amigos. Durante os passeios, o grupo leva sacos para a coleta de lixo e realiza a limpeza da trilha. Em outros dias também costuma promover palestras sobre esportes praticados em áreas naturais nas escolas públicas do município.

Apesar de ser considerado um bom funcionário, Pedro gostaria de mudar de profissão, mas já está postergando fazer um novo curso há muitos anos, pois não consegue organizar suas finanças e seu tempo para isso. Recentemente tentou fazer aula de violão, mas sentiu que a música não era a sua praia! Quando escolhe filmes para assistir, prefere os de comédia e foge dos dramas que envolvem temas filosóficos.

CONHECER AS POTENCIALIDADES E OS TALENTOS PRESENTES EM UMA EMPRESA TORNA MUITO MAIS FÁCIL E VIÁVEL PROMOVER A VALORIZAÇÃO DOS COLABORADORES, POIS É POSSÍVEL CRIAR CRITÉRIOS CUSTOMIZADOS PARA A IDENTIFICAÇÃO DE UM TRABALHO BEM-FEITO NO CONTEXTO DE CADA TIPO DE INTELIGÊNCIA.

@josepaulogit

CULTURA EMPRESARIAL

Veja como Pedro preencheu o seu gráfico de inteligências múltiplas, baseado em seus gostos e experiências.

Agora, com um auxílio de um lápis, pinte as barras a seguir com a porcentagem de proficiência que acredita possuir em cada uma das inteligências.

Lógico-matemática					
Linguística	1	2	3	4	5
Espacial	1	2	3	4	5
Físico-cinestésica	1	2	3	4	5
Interpessoal	1	2	3	4	5
Intrapessoal	1	2	3	4	5
Musical	1	2	3	4	5
Natural	1	2	3	4	5
Existencial	1	2	3	4	5

Experiência Ideal Trends

Como manter a chama de uma cultura organizacional benéfica acesa?

Para sabermos se a equipe realmente está alinhada aos objetivos institucionais, podemos analisar o comportamento de três tipos de pessoas existentes nos ambientes de trabalho: os **engajados**, os **não engajáveis** e **desengajados**.

- Os **totalmente engajados** são aqueles que realizam boas entregas, são focados e possuem uma disposição a mais. Normalmente é o funcionário com o qual é possível "contar a qualquer hora".

- Os **pouco engajados** são aqueles funcionários necessários, que trabalham bem, mas que não fazem nada além das suas funções. Se houver algo mais estratégico ou com um nível de desafio diferenciado eles não são capazes de executar.

- Já os **não engajáveis** são aqueles funcionários que fazem entregas abaixo da média e geralmente estão sempre se desculpando durante o processo. Normalmente trazem mais problemas do que soluções e por isso precisam ser desligados do Grupo.

No mundo empresarial de sucesso, só há um caminho possível: o do crescimento. Empresas que estacionam seus resultados não demoram para iniciar a decadência e o seu fim. Por isso, as equipes de trabalho das empresas do Grupo Ideal Trends devem habituar-se com o aumento dos desafios e das metas. Para que isso aconteça, é importante que os colaboradores não demonstrem resistência, e isso é possível quando:

- a meta não é imposta, e sim dialogada;
- a visão e a missão do Grupo são constantemente revisadas;
- os materiais instrucionais têm fácil alcance a todos;
- o líder mostra que é possível alcançar a meta;
- a cultura organizacional assegura o apoio e conforto aos colaboradores engajados e desencoraja a continuidade dos não engajáveis;
- o líder é um exemplo a ser seguido por suas práticas e não pelo que fala.

Por isso, a cultura organizacional do Grupo Ideal Trends busca a todo o momento oportunizar:

- a disciplina para seguir e tornar o método um hábito diário;

- a disposição para investir grande quantidade de tempo, energia e foco em um tema específico;
- a resiliência para aprender e desaprender com as adversidades e fracassos;
- a abertura para a rever e quebrar os paradigmas pessoais que desfavorecem o alcance da missão e objetivos institucionais.

A missão de uma empresa é sempre expandir a sua atuação e seus negócios, gerando oportunidades de trabalho e desenvolvimento profissional e humano para seus colaboradores; e disponibilizar produtos e serviços que promovam benefícios aos seus clientes. O Grupo Ideal Trends, por meio de sua cultura institucional, busca realizar essa tarefa da forma mais eficaz possível.

Para isso, os gestores do Grupo não medem esforços para manter a chama do desenvolvimento humano acesa, pois apenas pessoas são capazes de mudar a realidade. Eu sempre soube exatamente aonde queria chegar quando sonhei com um dos maiores grupos empresariais do Brasil. Mas já imaginava que a qualidade das pessoas que conseguisse reunir tornaria possível sonhar sonhos ainda mais altos!

REFERÊNCIAS

BLOCK, P. **Comportamento Organizacional**. São Paulo: M. Books, 2004.

BRASIL. Lei n. 13.709 de 14 de agosto de 2018. **Diário Oficial da União**, Brasília, DF, 14 ago. 2018. Disponível em: http://www.planalto.gov.br/ccivil_03/_ato2015-2018/2018/lei/l13709.htm. Acesso em: 20 jun. 2022.

CHIAVENATO, I. **Gestão de Pessoas**. Rio de Janeiro: Elsevier, 2004.

CSIKSZENTMIHALYI, M. **Flow** – a psicologia do alto desempenho e da felicidade. São Paulo: Objetiva, 2020.

DRUCKER, P. F. **O melhor de Peter Drucker**: obra completa. São Paulo: Nobel, 2002.

ENDEAVOR. **Um novo campo de batalha nos negócios**: nem mesmo a Apple está a salvo. 2016. Disponível em: https://endeavor.org.br/estrategia-e-gestao/novo-campo-batalha-apple/. Acesso em: 15 abr. 2022.

GARDNER, H. **Inteligências múltiplas**: a teoria na prática. Porto Alegre: Editora Penso, 1995.

HIERARQUIA. In: Michaelis. São Paulo: Melhoramentos, 2022. Disponível em: https://michaelis.uol.com.br/moderno-portugues/busca/portugues-brasileiro/hierarquia/. Acesso em: 17 maio 2022.

JUNG, C. **O homem e seus símbolos**. Porto Alegre: Artmed, 2018.

OLIVEIRA, C. **Convivência se intensifica na pandemia e divórcios crescem 24% no Brasil**. 2021. Disponível em: https://www.otempo.com.br/brasil/convivencia-se-intensifica-na-pandemia-e-divorcios-crescem-24-no-brasil-1.2518317. Acesso em: 20 jun. 2022.

STRAUSS, V. **Howard Gardner**: 'Multiple intelligences' are not 'learning styles'. 2013. Disponível em: https://www.washingtonpost.com/news/answer-sheet/wp/2013/10/16/howard-gardner-multiple-intelligences-are-not-learning-styles/. Acesso em: 20 jun. 2022.

WONG, R. **3 perguntas essenciais antes de contratar um funcionário**. 2014. Disponível em: https://exame.com/pme/3-perguntas-essenciais-antes-de-contratar-um-funcionario/. Acesso em: 10 jun. 2022.

QUEM SOMOS

A Ideal Books ganhou vida por acreditar que o conhecimento é uma das maiores ferramentas de poder para transformar as pessoas, afinal, é por meio das pessoas que mudamos a realidade do mundo. Por essa razão, diante de tantos cenários caóticos, com informações falsas e dúvidas sobre quais são os caminhos certos e errados, a nossa missão ganha cada vez mais força, pois a verdade é libertadora e permite que homens e mulheres façam suas próprias escolhas com segurança.

Somos inquietos, queremos um país melhor, e é por meio dos nossos livros e produtos com metodologias comprovadas e da nossa cultura empreendedora de resultados que vamos levar conhecimento aplicado a todos que buscam transformação de vida e de negócios. Foi por isso que a Ideal Books desenvolveu dois selos para ensinar a todos como conquistar equilíbrio e resultados com perenidade, ética e verdade: o selo **Ideal Business**, que distribui conhecimento voltado para todo o universo empreendedor, e o selo **Ideal Life**, que distribui conhecimento voltado ao desenvolvimento pessoal.

A Ideal Books é uma editora do Grupo Ideal Trends, um conglomerado de empresas multimilionário, íntegro e antenado com as principais demandas do mercado. Temos a certeza de que, com a nossa estrutura, métodos e a missão em espalhar a verdade, temos o mapa perfeito para potencializar qualquer expert que esteja alinhado com os nossos princípios e valores.

Conheça nossa loja:

LEIA TAMBÉM

ENCONTRE SEU PROPÓSITO

Você está cansado de andar em círculos? Parece que tudo o que você faz não dá certo? Está desmotivado porque não consegue tirar seus sonhos do papel? Seja nos relacionamentos ou nos negócios, tudo parece que não sai do lugar? Isso acontece porque você ainda não encontrou o seu propósito.

Ter um propósito irá ajudá-lo a ter uma vida mais plena, feliz e saudável. Quando você o descobre, fica mais fácil se concentrar no que é mais importante. Você nasceu para viver a sua melhor versão e, para vivê-la, é necessário quebrar as suas crenças limitantes. E como essas crenças acabam povoando nossos pensamentos e condicionando nossas ações e percepções, não é?

Neste livro, José Paulo te convida a dialogar, a refletir sobre você, sua história, seus planos e sonhos, sua singularidade e sobre como você faz parte do todo.

Você irá compreender a sua capacidade de transformação, os ciclos de sua vida, o que cada um lhe traz como crescimento, as conexões que você cria com as pessoas e com o mundo e como você mostra e reconhece o seu valor.

Após a leitura, você sairá com o coração batendo mais forte, contemplando o conhecimento, o autoconhecimento e a atitude que terá de ter em sua jornada para que finalmente encontre seu propósito.

GESTÃO IDEAL

Empreender é um grande desafio. O sucesso das pequenas e grandes empresas depende de ações estratégicas. Você sabe como vencer a concorrência? Ou, ainda, como fazer a gestão financeira, fidelizar o cliente e investir em marketing digital? Não? Então, aprenda com quem está há muito tempo na área empresarial e conquistou o sucesso. O serviço é como o de um jardineiro que, além de semear e regar, precisa remover as ervas daninhas para não danificar a plantação.

Este livro contém informações indispensáveis para o empresário que busca crescimento, em tempos nos quais a internet possibilita maior visibilidade da marca e proximidade com o público-alvo. Os capítulos trazem técnicas de como manter os colaboradores motivados, utilizar recursos de forma sustentável, definir prioridades, evitar falhas e compreender os processos da gestão empresarial. Há dicas para fortalecer relacionamentos comerciais, atrair pessoas boas, acompanhar as tendências do mercado e entender as responsabilidades financeiras.

O leitor terá acesso a métodos reconhecidos na área, além de softwares atuais para otimizar pagamentos, acompanhar clientes e evitar fraudes. Com exemplos de situações reais e de testes, este livro é imprescindível para quem quer refletir sobre o próprio negócio ou ainda para ter ideias sobre um novo empreendimento, seja no formato físico ou online.

LIÇÕES PARA VOCÊ CONSTRUIR NEGÓCIOS EXPONENCIAIS

De vendedor de sacolas a Presidente do multimilionário Grupo Ideal Trends, o empresário disruptivo, José Paulo Pereira Silva, compartilha, neste livro, as mais diversas experiências, obstáculos e estratégias que o levou a ser um dos maiores cases de sucesso nas mais diversas áreas que empreendeu, especialmente, nos ramos de tecnologia e startups, e revela quais métodos utilizou para se tornar um empreendedor bem-sucedido e transformar milhares de profissionais em líderes extraordinários.

MARKETING DE PERFORMANCE

Nos dias de hoje é impossível imaginar qualquer negócio de sucesso que não esteja presente na internet. O que antes era uma questão de escolha, hoje se tornou fator de sobrevivência.

Compreender termos como persona, leads, página de captura, ROI e copy é essencial para quem quer fazer parte desse universo.

O digital chegou para mudar completamente a forma como marcas, produtos, serviços e clientes se relacionam uns com os outros. E quem domina as melhores estratégias "abocanha" parte do mercado.

Não espere para começar amanhã, porque neste momento você tem nas mãos a ferramenta que irá mudar a sua realidade.

SEGREDOS DO PODER

Algumas questões são colocadas à mesa quando o assunto é poder. Todos o exercem em alguma medida, inclusive uma criança na mais tenra idade. Nem todos, porém, o dominam. Há líderes que não exercem poder sobre seus liderados. Há poderosos que também não exercem liderança. Então, como compreender este instrumento tão eficiente e usá-lo, de forma ética, não apenas em favor próprio, mas para transformar o mundo?

A partir de pesquisas científicas e experiências milenares, o empresário serial e doutor em Administração de Empresas, José Paulo Pereira Silva, aponta, nesta obra, os caminhos para construir hábitos e relações poderosas, baseados em valores que ajudem o leitor a seguir em direção ao sucesso.

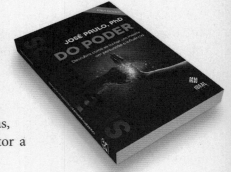

1ª Edição [2022]
Esta obra foi composta em *Minion Pro*
e impressa em Offset Pólen Natural 80g/m2
da Suzano Papel e Celulose pela gráfica
Patras para a Editora Ideal Books.